PATRICK SANSANO

DE MURIEL BAPTISTE A LARA FABIAN

JOURNAL 2017

Journal III

Édition : BoD – Books on Demand, info@bod.fr
Impression : BoD – Books on Demand, In de Tarpen
42, Norderstedt (Allemagne)
Impression à la demande
ISBN : 978-2-3221-2001-7
Dépôt légal : Février 2023

1er janvier

La quantité de séries télévisées qui me reste à chroniquer pour le site « Le monde des Avengers » s'amenuise. Je prends la décision d'arrêter cette activité chronophage.

3 janvier

Sur Facebook, je suis tombé par hasard sur les photos de Valérie H. modèle, que je n'ai pas tardé à identifier comme Valérie Hotte (J'ignore s'il s'agit de son vrai nom), jeune femme qui habite au Canada et exerce à la fois la profession de mécanicienne et de modèle. Elle est splendide.

Ce matin, les mauvaises nouvelles se sont accumulées, au syndicat, Mireille D. quitte le CHSCT et devient simple syndiquée. Elle était une des personnes qui me soutenaient le plus, un autre, Jean Pierre F. est parti en rupture conventionnelle.

Mais c'est à midi qu'une très triste nouvelle m'attendait : Pierrot C. qui tous les ans est le premier à m'envoyer une carte de vœux mi-décembre, et ne l'a pas fait cette année, me répond au pli que je lui ai adressé (puisqu'il ne le faisait pas). Il est atteint d'un cancer depuis août, en chimiothérapie, et je crains fort que ce soit sa dernière carte de vœux.

5 janvier

Cet été, loin du froid polaire actuel, j'arpenterai les chemins de Haute-Loire et serait à la recherche du fantôme d'Annunciata, l'héroïne du feuilleton « La Princesse du rail » tourné en 1966 et diffusé en 1967, dont Muriel Baptiste, mon amour de toujours, est la vedette. Je me rendrai sur lieux de tournage, à Brioude, Lantriac, Lavaudieu, Saint-Privat d'Allier et ce qui reste des rails de la ligne « La Transcévenole ». En 2016, j'ai cru perdre cet amour, parce-que derrière l'actrice, il y avait une femme comme les autres dont quelqu'un qui a partagé sa vie m'a parlé, et pas la créature extraordinaire qu'elle était à l'écran, et puis l'amour a repris le dessus. Muriel, qui a envoûté mon enfance, nous a quittés en 1995.

Il m'est conseillé de réserver, car l'Auvergne attire les touristes, et les lieux d'hébergement ne sont pas extensibles à l'infini. Bien sûr, les autres touristes de la Transcévenole ne savent même pas que Muriel Baptiste a existé, mais c'est un endroit de vacances prisé car le Massif central l'est, et c'est moins cher qu'aller à l'étranger ou sur la côte d'Azur.

Gérard Dessalles, partenaire de Muriel, m'avait raconté être parti tourner deux mois à Ambert. Sa mémoire doit lui jouer des tours car Muriel a essentiellement tourné à Brioude.

Muriel vient hanter mes rêves, comme pour me rassurer et me dire qu'elle veille sur moi, que cette passion que j'ai pour elle est éternelle.

8 janvier

Encore un rêve cette nuit de Muriel Baptiste en Annunciata la princesse du rail, un rêve étrange, comme si elle voulait me prévenir de quelque chose, mais pas forcément de dramatique.

Je crois que je n'ai jamais tant rêvé d'elle. Je ne comprends pas pourquoi. Certes, je pense à elle dans la journée, mais pas tant que cela, où alors cela m'échappe, je ne m'en rends pas compte. J'ai précisément regardé les épisodes 13 à 16 de « La princesse du rail » cette après-midi, au lieu du dimanche soir, car il y a un hommage à Michel Delpech à la télévision.

J'ai écouté le nouvel album de Didier Barbelivien, « Amours de moi », qu'il semble avoir fait pour se faire plaisir sans se soucier des ventes. Le résultat est assez bon mais parfois il force le trait sur la guimauve, à la manière de Frédéric François ou Enrico Macias. Sa chanson sur une mère atteinte d'Alzheimer ne tient pas la route comparée à « L'oubli » chantée par Lara Fabian.

Ma correspondante Cindy m'a offert une musique de film de feu Michael Kamen, « X men ». Il faut avouer que certains disques que j'écoute ne contribuent pas à rendre la maison joyeuse. La musique influe-t-elle sur le moral ?

9 janvier

J'apprends que c'est l'anniversaire de Lara Fabian, elle a 47 ans.

Je ne fais que penser à mes vacances de cet été sur les lieux de tournage de « La princesse du rail », qui vu le prix des hôtels sur Booking.com seront courtes. Il semble intéressant (mais je me procurerai « le guide du routard » et une carte d'Auvergne) de voir les voies ferrées posées à Lantriac pour la série, où plus exactement l'endroit où elles étaient car on les a retirées. Je sais que je ne pourrai pas tout faire en trois jours. La ligne « La Transcévenole » débute au Puy en Velay et n'a jamais été construite entièrement, le chantier étant arrêté en 1939 et la ligne déclassée en 1941. Elle n'a jamais rejoint l'Ardèche (dont il n'est pas fait mention dans la série).

Je souhaite voir l'abbaye dite de « Saint-Agnès », qui marque deux scènes cruciales avec Muriel Baptiste. (A ne pas confondre avec la tour de Rochegude où elle affronte Antoine Delorme/Jacques Santi dont le décor est visiblement, pour le plan arrière, une image de studio.) Annunciata/Muriel qualifie Rochegude de « château ».

Cette abbaye ne s'appelle pas Saint-Agnès (nom utilisé pour le feuilleton) mais se trouve dans le centre du village de Lavaudieu. Dans la série, Henri Spade, le metteur en scène, l'a filmée de manière à nous la montrer comme un endroit isolé dans la campagne, alors qu'elle se trouve au centre du village.

11 janvier

Sur Facebook, Valérie H. modèle alias Valérie Hotte a publié ce matin une nouvelle photo bien étrange. Cela ressemble à un montage plutôt indescriptible. On y voit son corps allongé nu de dos, sur une glace où l'ensemble se reflète. Mais la photo n'a pas le côté sulfureux de ses précédentes poses.

J'ai fait mon rappel Tétanos Polio, qui arrivait à échéance à la fin 2007. Mon médecin me dit que le prochain rappel n'est pas dans dix mais vingt ans, soit 2037 !

Le médecin à ma question me répond qu'un jour, on trouvera un vaccin contre le cancer, mais que ni lui ni moi ne le verront. Je lui ai dit que ce jour-là, d'autres maladies existeront, et il a acquiescé.

Nuit du 11 au 12 janvier

J'ai fait un rêve extraordinaire, qui s'est terminé à six heures du matin par un réveil prématuré.

Pourtant, rien ne m'y prédisposait.

Après une journée comme les autres, j'ai lu avant de m'endormir quelques pages du roman de Leslie Charteris « Le saint contre le marché noir ». J'avais auparavant regardé sur la chaîne « Paris Première » l'émission polémique « Zemmour et Naulleau », et sur Internet, mon attention a été attirée par le site Underscores montrant la sortie le 27 janvier en CD des musiques des films « Twister », par Mark Mancina, et « Cliffhanger » par Trevor Jones, compositeur dont je n'ai aucun disque. Enfin, j'avais en tête les primaires de la gauche.

Une fois plongé dans le sommeil est arrivé le rêve qui reste le plus frappant, le plus remarquable, que je crois avoir jamais fait sur Muriel Baptiste.

Le rêve était d'une précision déconcertante : nous sommes en 2017, mais Muriel n'avait que 29 ans, son âge lorsqu'elle jouait « Les Rois maudits ». De plus, elle apparaissait rasée, exactement comme à la fin du « Roi de fer ».

Muriel revenait donc d'entre les morts, à 29 ans, plus vivante que jamais pour reprendre sa carrière au théâtre. Ce qui choque dans ce rêve, c'est la netteté (en général on se souvient *vaguement* des rêves), là tout est précis. Mais surtout, elle m'apprenait deux choses insensées : elle m'aime, de là où elle où elle est. L'autre chose était l'assurance que le jour de ma mort, on se retrouverait.

Pour moi, par le biais de ce rêve, elle est venue me délivrer un message, et l'on devine ma joie.

J'ai passé la journée sur des nuages, comme à côté de la réalité, étouffant de bonheur.

13 janvier

Après l'ange, le démon. Le rêve qui suit celui de Muriel, qui continue d'enchanter ma journée, est celui de mon beau fils, N. J'étais bien content de me réveiller.

Pot de départ de Jean Pierre F. assez sobre et modeste. Les gens à peine arrivés semblaient presser de s'en aller, c'est là un signe de l'époque. Dans les années 80, la soirée aurait fini en boîte de nuit. Aujourd'hui, l'individualisme est passé par là.

J'ai pu discuter un peu avec Mireille D. que j'évoque parfois dans ce journal, une discussion polie, mais moins chaleureuse qu'avec Jean-Pierre. Elle m'annonce que sa décision de quitter ses mandats syndicaux n'est pas un coup de tête mais qu'elle n'en a plus envie, s'occupant aussi d'un conseil municipal.

14 janvier

Elimination de Christian Quesada de l'émission « Les 12 coups de midi » après 192 victoires. J'avoue que chaque midi, je me hâtais pour venir voir le jeu, moi qui suis pourtant un anti TF1. Du coup, l'émission ne m'intéresse plus et cela va me paraître étrange de ne plus voir cet homme tous les jours triompher de toutes les questions les plus improbables. Arrivé quasiment SDF, au RSA, le 4 juillet, il part avec plus de 800 000 euros. J'avoue qu'il va me manquer.

Ce candidat a répondu à 5000 questions. Quesada détient le record du plus grand champion de l'histoire des jeux télévisés en France.

Le rêve du 12 janvier 2017 a remis tout en place concernant ma passion pour Muriel. Cette nuit, je me suis réveillé à cinq heures du matin après m'être couché tard. Je ne risquais pas de rêver. Mais Muriel est là, quelque part dans la pièce d'à côté, comme l'a dit Geneviève Delpech au sujet de son mari le célèbre chanteur au lendemain de sa disparition.

17 janvier

Journée agréable à Privas malgré le froid et le vent, avec un épisode culinaire au restaurant gastronomique « La Boria ». J'ai particulièrement apprécié l'entrée, œuf mollet au lard avec une sorte de mousline.

18 janvier

Une semaine après le merveilleux rêve de Muriel, je suis dans une colère indescriptible, mes « troupes » CGT refusant, de façon bornée et sectaire, de se joindre à la CFDT (A part Mireille D.) pour une grève et une action commune.

Le délégué syndical CFDT m'a téléphoné ce soir et a fort bien compris ma sincérité et ma révolte.

19 janvier

La CGT et la CFDT de mon entreprise se réconcilient, me sortant d'une situation embarrassante. Je n'avais pas le moral, il est revenu. Faut-il y voir une nouvelle intervention de Muriel ?

Sur Facebook, Valérie H. Modèle alias Valérie Hotte a publié deux photos très déshabillées et ne semble pas craindre la vague de froid. Elle réside au Canada je crois, pays pas réputé pour être doté d'un climat tropical. Dommage que le prude réseau social Facebook prohibe la nudité, Valérie risque fort de ne jamais tout enlever.

Accident spectaculaire sur l'autoroute qui a obligé les gens à investir Valence le jeudi soir, jour où je me rends au centre ville voir mon psy. J'ai cru devenir fou.

Dans ma voiture tourne en boucle, et cela devient un record, depuis décembre 2016, soit plus d'un an, « Ma vie dans la tienne », l'album de Lara Fabian. J'écoute cela sur une cassette.

22 janvier

Hier soir, j'ai terminé une énième vision de « La Princesse du rail », et j'ai pu constater que la croix que m'a donné David, objet que Muriel a ramené du tournage en 1966, n'est pas celle que l'on voit dans le dernier épisode. Celle que je possède (mais David m'avait prévenu) correspond à la scène du bal des cheminots. Il y en avait donc deux, à peu près identiques, sur le tournage.

Je me suis rendu à l'école Kergomard, rue de l'armée belge, voter pour les primaires de la gauche. Je ne connais pas les petites rues de Valence et grand bien m'a pris de faire un itinéraire sur Mappy.

23 janvier

J'ai énormément pensé à Muriel aujourd'hui. Cela m'a fait plaisir.

24 janvier

J'ai rêvé de Muriel, ce qui m'a mis de bonne humeur toute la journée, jusqu'à la réunion du Comité d'Entreprise où avec stupéfaction, le DRH (Directeur des Ressources Humaines) qui est aussi directeur adjoint de l'entreprise, nous a cherché querelle sur les heures de délégation, se livrant à un véritable flicage.

Cela ne m'a pas fait perdre ma bonne humeur, donnée par Muriel. Son blog est à nouveau alimenté.

Je m'occupe aussi d'un blog sur les jolies actrices et chanteuses, Muriel y est bien sûr, mais je cherche à y mettre le plus souvent Lara Fabian. Avec ses deux concerts, elle m'a vraiment tapé dans l'œil.

25 janvier

Il a neigé sur Valence aujourd'hui, ce qui est toujours source de tracas. En effet, le déneigement y est souvent tardif, la neige en ville est une calamité. Ce froid commence sérieusement à me taper sur les nerfs.

Ma succession au syndicat n'est pas pour demain : Audrey C. que j'aurais bien vue déléguée syndicale suppléante refuse de succéder à Mireille D. au CHSCT. Manu, une militante, ne semble pas décidée de prendre la place de suppléante. Nous avons en ce moment une hémorragie de militants entre les hésitants qui partent, les retraités, les ruptures conventionnelles.

Janvier 2017 aura marqué dans mon entreprise la grande réconciliation des deux syndicats, la CGT et la CFDT qui organisent une grève commune le 31 janvier.

26 janvier

Lorsque je sens que la sérénité s'empare de moi, je sais que Muriel Baptiste n'y est pas étrangère.

Or, je me trouve dans cet état là en ce moment, même si je peste contre le froid, la pluie, la neige.

Mon oncle a téléphoné un peu avant 5h du matin pour souhaiter la fête de ma mère. Il s'en est excusé cette après midi. Nous avons eu peur, car mon deuxième petit fils a une infection pulmonaire, mais jamais ma fille, quoiqu'il arrive, n'appellerait à une heure pareille.

Je reçois d'Amérique le CD de la musique du film « Twister », par le compositeur Mark Mancina, sans être taxé de frais de douane comme je le craignais.

Je suis bien content que François Fillon se retrouve dans les ennuis, lui, le donneur de leçon, pour cause d'emploi de sa femme avec une rémunération de 500 000 euros. Cet homme-là n'est pas mon ami. Il prône une société favorisant les riches, ultra libérale. J'espère bien qu'il ne sera pas le prochain président.

28 janvier

J'ai encore rêvé d'elle… c'est le titre d'une chanson. J'ai rêvé de Muriel Baptiste jeune, époque « La Princesse du rail », et c'était merveilleux.

30 janvier

Encore un rêve concernant Muriel Baptiste, cette-fois qui faisait intervenir, de façon embrouillée (c'est souvent le cas dans les songes), madame Delberghe. Elle n'était pas celle qu'elle est dans la réalité (la veuve du dernier compagnon de Muriel, qu'il a rencontré deux ans après sa mort) mais une sorte d'amie ou de témoin. Morte, Muriel a dans mon existence une importance bien plus évidente que beaucoup de vivants.

Le dimanche, je n'avais pas spécialement pensé à Muriel, et elle semble prendre sa revanche la nuit, dans mon subconscient.

Toujours des tracasseries syndicales à la CGT ce lundi, la section syndicale perd ses membres avec les retraites et les ruptures conventionnelles, sans compter les démissions. Il y a peu nous étions 19, et ce jour 14, mais tenant compte de départs prévisibles en retraite, 3 devraient encore nous quitter. Une personne s'est mise en complète opposition avec nos vues et je suis prêt à parier qu'elle va rendre sa carte. La question de mon remplacement ne se posera pas, puisque la section syndicale elle-même risque de ne plus exister.

Dans toute organisation politique ou syndicale, voire associative, il y a des militants et des adhérents passifs, l'hémorragie actuelle concerne les militants. C'est ce qui me fait tenir ce discours pessimiste.

31 janvier

Me réveillant d'un terrible cauchemar sur le cancer, dans lequel il était question de l'agonie de Michel Delpech, j'ai passé ma journée à la réunion du personnel où le mouvement de grève a été sabordé par la directrice qui n'a pas fait de discours. Il n'y a eu que des animations faites par les salariés sur la mise en place du « tout web », c'est-à-dire la gestion par informatique seule (pour les salariés, mais aussi les ressortissants). L'un des ateliers, où nous étions guidés, portait sur le thème des hackers, les pirates informatiques et illustré par les musiques de « Star Wars », « Psychose, « The X Files », « Retour vers le futur », « James Bond » (et des extraits des films dont « James Bond contre docteur No » et « Goldfinger »).

Boycotter les ateliers de la part des syndicats, dans la mesure où ils ont nécessité l'implication d'une partie du personnel, aurait été mal perçu.

1er février

J'ai rêvé de Muriel pour la première fois toute nue, elle était seule, dans une salle semblable à l'intérieur de l'abbaye Saint-Agnès dans « La Princesse du rail », entourée de murs de pierre, en train de tourner « Le mois le plus beau », donc en mai juin 1967 à Aiguèze donc, dans le Gard.

Pour la première fois, un rêve de Muriel me gêne, bien qu'il n'ait eu rien d'érotique. Pendant sa carrière, très pudique, elle n'a jamais tourné ou posé nue.

Le rêve semble montrer ma frustration de ne jamais pas voir ce film, « Le mois le plus beau », diffusé une seule fois à la télévision française en 1984 sur Antenne 2, et que je n'ai pas vu.

Il faudrait un sacré coup de chance pour que je le découvre, une édition DVD comme « Les sultans ». La télévision, même les chaînes câblées ne le diffusera pas. Qui cela pourrait-il intéresser à part des fans de Michel Galabru, l'atout commercial du film, car les autres acteurs sont depuis longtemps oubliés ?

3 février

L'obstination de François Fillon à vouloir maintenir sa candidature à la plus haute responsabilité de l'état ne laisse pas de m'étonner. Tout le monde sait qu'il devra jeter l'éponge sous peu. Hier soir, « Envoyé Spécial » sur France 2 montrait un témoignage, en anglais, accablant de sa femme interrogée en 2007. A qui profite ce rebondissement de campagne ? Chacun y va de son commentaire.

Nouvel attentat terroriste perpétré par un « suspect » égyptien au musée du Louvre. J'aimerais bien savoir pourquoi les journalistes emploient le mot suspect. Dans les cas de culpabilité évidente comme celui-là, l'assaillant ayant été grièvement blessé, parler de suspect relève de la stupidité journalistique.

Je trouve que le temps passe très vite. J'étais persuadé avoir fait ma visite de contrôle chez l'ophtalmologiste en 2016, or c'était en juin 2015. Il m'avait dit « Je vous revois dans deux ou trois ans », ce sera donc, car je ne raffole pas de ce genre de choses, l'année prochaine.

5 février

C'est incroyable. Je pense peu à Muriel dans la journée, occupé par d'autres priorités, la vie quotidienne, mais je n'ai jamais autant rêvé d'elle.

Celui de cette nuit était un bond dans le passé en décembre 1972 et Muriel travaillait au théâtre. Chose qui est fausse car en décembre 1972, je me fie en cela à son interview de Télémagazine 897 du 30 décembre, elle se préparait à tourner "Interrogatoires" (devenu finalement "Témoignages") mais avait terminé "Le premier juré" et ne faisait rien d'autre.

Chose curieuse, dans ce rêve, elle me reprochait d'avoir raté une émission où j'aurais pu la voir. Or ceci est tout à fait exact. En effet, le mercredi 14 février 1973, "Aujourd'hui Madame" avait invité Jean Piat, et il était mentionné qu'un extrait des "Rois maudits" serait diffusé.

Ceux qui lisent mon blog sur Muriel ou mes livres savent que le mercredi 23 mai 1973, dans les émissions pour la jeunesse sur la Une, il y avait une séquence sur Jean Piat, avec un extrait des "Rois maudits" où l'on voyait Muriel en Marguerite de Bourgogne.

Le 14 février 1973, il est complètement impardonnable de ne pas avoir regardé "Aujourd'hui Madame", à l'époque j'épluchais Télé Poche à la recherche de la moindre trace de programme avec Muriel.

7 février

Ce soir commence le festival de San Remo, avec le retour d'Al Bano. Et demain, je vais voir ma petite famille, emmener mon petit fils aîné au cinéma voir un nouveau film (Il veut voir le film d'animation « Tous en scène »), me détendre, car les choses se passent mal dans mon entreprise.

Une personne va passer en conseil de discipline et risque le licenciement et les syndicats, main dans la main, sont invités à la défendre.

Je me serais passé de cette histoire, en tant que délégué syndical titulaire CGT, je vais, avec mon alter égo féminine de la CFDT, devoir siéger pour la défense le 22 février.

Al Bano, comme tous ses concurrents à San Remo, a déjà sorti un nouvel album que j'ai dû commander en Italie, apparemment ses disques ne sont plus distribués en France.

J'aimerais un peu de tranquillité et de sérénité, j'ai deux jours de congé devant moi.

Viviers, 8 février

Douzième film avec Lucas, mon petit fils, le temps passe vite, déjà douze. Celui du jour était un film d'animation musical excellent, « Tous en scène », dont le titre original est « Sing ». Divers animaux veulent sauver un théâtre de music hall et créent des chansons, ainsi un singe apprend le piano et (avec la voix d'Elton John) interprète « I'm Still Standing ».

Il y avait sans doute beaucoup d'autres tubes, mais à part « My way », je ne les connaissais pas. Dans ce monde imaginaire, c'est le singe, et non Sir Elton, qui compose la chanson.

Le disque est disponible et je vois qu'il y a Stevie Wonder (« The Faith », Queen (« Under pressure ») et des tas d'autres que ce *journal* ne saurait énumérer sans devenir ennuyeux.

Après cette bonne journée avec les miens, retour à Valence pour voir la deuxième soirée du festival de San Remo.

Cette année, pour l'instant, je n'ai pas de coup de cœur, Al Bano qui se remet à peine d'un infarctus n'aurait pas dû venir, il semble très fatigué, et parmi les autres concurrents, aucun ne m'a pour l'instant marqué.

Valence, 9 février

J'ai reçu le CD de Francesca Michielin et « Nessun grado di separazione » est le seul tube. Je vais écouter le cd à tête reposée, car j'ai remarqué qu'au fil des écoutes, on se familiarise avec certains titres.

Toutefois, je ne lui prédis pas une grande carrière. J'espère me tromper pour elle.

L'après-midi, ayant réécouté longuement l'album, j'y trouve plusieurs chansons superbes, mais j'apprends que cette chanteuse a percé grâce à la téléréalité, en 2011 (X Factor). Ce qui n'est pas bon signe, conjugué au fait de sa mauvaise place à l'Eurovision 2016 (16e), et du fait que plus personne ne parle d'elle depuis.

Troisième soirée à San Remo, dont je ne verrai qu'une partie et enregistrerai l'autre, car je travaille demain. Je ferai le compte rendu de la soirée demain.

10 février, une heure du matin

La mauvaise surprise de la soirée, disons de la nuit, est l'élimination d'Al Bano. Sur les 20 chanteurs qui se sont produits à San Remo vendredi, quatre sont éliminés, dont trois « anciens ».

Gigi D'Alessio, qui fait partie des éliminés avec Ron et Al Bano, peste dans la presse contre Giorgio Moroder, président du jury des experts : le vote des experts est pris en compte pour 30%, or Moroder (célèbre créateur et producteur de disco) n'en a que pour la nouvelle génération.

Les fans d'Al Bano sont furieux et veulent boycotter la soirée de la finale, le chanteur, qui se remet d'un infarctus et d'une lourde opération au cœur, a fait un communiqué au *Corriere della Sera*, célèbre quotidien transalpin. Il y déclare « Mi hanno fatto fuori ma non suonate le campane a morto » (Ils m'ont éliminé, mais ne sonnez pas le tocsin). Il semble mieux prendre la chose que D'Alessio.

D'Alessio estime que dans un festival de variétés, les experts dirigés par Moroder n'ont pas leur place, et que seul le vote du public doit être pris en compte.

Pour la soirée finale, une seule chanson me plaît, celle de Paola Turci (qui faisait une tournée en 1989, elle était alors très jeune, lorsque nous sommes allés en famille en vacances à Civitavecchia). Seule Paola défend un titre qui rappelle la variété traditionnelle italienne : « Fatti bella per te » (une chanson féministe). « Fais-toi belle pour toi », qui commence par « Ne te maquille pas et tu es plus belle ». Elle a mené une carrière discrète, plus chanteuse intello que populaire.

Giorgio Moroder, arrivant hier pour un hommage où l'on a entendu « Flashdance », « Call me » et autres, est désormais un homme à la moustache et aux cheveux gris de 76 ans. Il ne pensait pas sans doute semer le scandale. Mais il est vrai que seul le public devrait pouvoir voter. Ainsi, le rappeur Clementino, éliminé le premier soir (mardi) mais repêché jeudi, se retrouve en finale. Rappelons qu'il y a 50 ans, pour avoir été éliminé de la finale de San Remo, le chanteur Luigi Tenco, grand amour de Dalida, avait mis fin à ses jours.

Clementino, avec sa casquette à l'envers, singe les rappeurs des cités et à mon avis n'a pas sa place au festival de la chanson italienne, dédié depuis sa création à la variété. Le vote du public compte pour 40%, celui des experts 30%, reste 30% basé sur les sondages.

12 février

Hier soir, la victoire a sacré, au festival de San Remo un chanteur comique, que j'ai trouvé pathétique, Francesco

Gabbani, tout fier de lui. Il chante sur scène accompagné d'un danseur déguisé en gorille.

Al Bano a reçu un prix de consolation, celui du meilleur arrangement.

Avec 2013, c'est la pire édition du festival à mes yeux.

13 février

L'exclusion d'Al Bano et de Gigi d'Alessio de la finale du festival de San Remo prend, en Italie, une importance disproportionnée aux faits. Ce fut un festival médiocre, on l'oubliera. Les carrières des chanteurs confirmés demeureront et le champion aura sans doute une gloire éphémère. Le festival de la chanson italienne (San Remo) a pris la mauvaise tendance de l'Eurovision, dont on ne sait plus, d'une année à l'autre, qui a été le lauréat.

Gigi d'Alessio fait parler de lui dans la presse transalpine. Il n'a pas digéré son éviction. Personne n'avait cette année de bonne chanson, à part Paola Turci, et encore.

14 février

Pour la Saint-Valentin, je l'avoue, j'aurais préféré ne pas être seul. Je vais sérieusement me mettre en quête d'une femme en cette année 2017, j'en ai besoin. Cela permettra une Saint-Valentin 2018 plus heureuse.

15 février

Muriel, en ce moment, est au centre de mes préoccupations, j'ai l'impression de moins m'intéresser à elle, mais à force d'y penser, c'est l'inverse qui – heureusement – se produit.

Un rayon de soleil qui annonce le printemps et je songe à Muriel. Un souvenir du passé, de mon adolescence, et je pense à Muriel. Au fond, je la crois évanouie et elle est omniprésente. Je me fais sans doute du souci pour rien, je ne suis pas prêt comme le chante Lara Fabian de tomber dans « Le désamour ».

San Remo encore et toujours : j'apprends qu'Al Bano se serait laissé aller à des excès de langage. Son disque est sorti, il devrait en assurer la promotion, prendre soin de sa santé, et ne plus considérer comme une catastrophe planétaire son éviction de la finale du festival.

17 février

J'ai rêvé de Mireille D. cette nuit. Elle redevenait active au syndicat. Puis, un peu avant 5h00 du matin, je me suis réveillé et ai eu du mal à retrouver le sommeil.

18 février

Je m'interroge sur l'aspect chronophage du réseau social « Facebook » où je passe bien trop de temps. Hier, j'ai commencé une conversation avec une Américaine, une femme de mon âge, Rebecca, résidant à New York. Echange d'un niveau plus élevé que les utilisateurs habituels. Ce matin, elle a clôturé son compte, et est donc impossible à joindre sur le réseau social. Alors, quel intérêt sinon une immense perte de temps ? A vrai dire, elle m'a laissé son adresse mail, veut-elle une correspondance particulière avec moi ?

22 février

François Bayrou se rallie à Emmanuel Macron, on entend cela en boucle sur France Info.

Muriel revient dans ma tête, quand je me sens bien, je sais que cela vient d'elle.

Lundi, je siège à Saint-Etienne au conseil de discipline comme défenseur CGT, avec un défenseur CFDT, ce qui ne sera pas une partie de plaisir.

23 février

Voici ce que j'écrivais hier sur le blog de Muriel Baptiste :

Ces jours-ci, après le grand froid, ou avant qu'il ne revienne, il fait soleil, et dans ces moments de ciel bleu, je pense soudain à elle. Ce baume au cœur, cette sérénité, je sais d'où cela vient, qui me l'inspire.

Muriel, je t'aime.

Dans un autre genre, sur Facebook, Valérie H. Modèle pose dans des tenues bondage, dans l'une elle est menottée, dans l'autre elle enchaînée.

Deux visions radicalement opposées de la femme.

26 février

Il fait soleil, mais seulement douze degrés dehors. L'hiver est encore là, malgré une chaleur inhabituelle qui n'a pas duré.

Muriel encore et toujours, j'arrive à penser à elle en entendant des chansons d'amour récentes (de Sanremo 2016 et 2017). Ou d'autres airs italiens contemporains, par exemple « L'amore esiste » de Francesca Michielin. Cette jeune fille est née le 25 février 1995, l'année de la mort d'une Muriel qui n'a jamais été aussi présente.

Ce n'est pas un dimanche très agréable. Ma mère qui aura 95 ans en mai a voulu mettre en ordre tous les papiers pour son décès.

Nul ne sait de quoi demain sera fait. Le président de la FNSEA, Xavier Beulin, est mort cette semaine, à 58 ans, d'une crise cardiaque. C'est ce qui a alarmé ma mère et motivé sa volonté de mettre ses documents à jour pour celui de son décès.

J'écoute la compilation des chansons de Sanremo 2017 et j'ai l'impression que tout est un éternel recommencement, les chansons d'amour, les tubes, mais mon temps et celui de Muriel sont révolus. Nous sommes passés à autre chose, le monde de Christophe Maé et de Matt Pokora, chanteurs qui m'indiffèrent, celui des séries télévisées d'aujourd'hui décortiquées par les intellectuels, alors que jadis elles n'étaient qu'un divertissement méprisé par les mêmes intellectuels ou leurs alter-egos.

Saint-Priest en Jarez, le 27 février

Pénible conseil de discipline, dont je ne peux rien dire, tout devant rester secret, d'après les obligations légales, un peu comme les délibérations des jurés aux assises.

De retour à Valence, attroupement devant mon entrée d'immeuble où un incendie, lié à une installation électrique défectueuse, a failli se déclencher. Pourtant, à la suite d'un départ d'incendie à l'entrée d'â côté il y a quelques années, EDF a soi-disant mis aux normes (et à grands frais) toutes les entrées de la copropriété.

Si l'incendie s'était déclenché en pleine nuit, je ne serais peut-être plus là pour écrire ce *journal*. Faut-il voir le verre à moitié vide ou à moitié plein ?

Valence, 2 mars

Muriel communique avec moi lorsque je dors, par les rêves. J'ai rêvé à elle cette nuit, et réalisé que dans la journée, depuis des semaines, je ne pense plus à ce qui était la plus grande passion de ma vie, et le redeviendra vite.

Car Muriel n'est pas remplacée. Simplement, je me laisse happer par un quotidien morose. On peut aussi trouver une explication dans le fait que désormais, à part la période 1982-1989, je sais absolument tout ou presque de sa vie. Plus de photos rares ou de revues ou magazines anciens à acheter sur Ebay. Je crois que je possède tous les articles et interviews jamais publiés sur son compte.

Mais le printemps arrive et je suis persuadé (avec en plus la perspective de mon pèlerinage en juillet prochain sur les lieux de tournage de « La princesse du rail »), que ce « désamour » ne va pas durer. Ce matin, je me suis réveillé heureux qu'elle soit venue me voir dans mes songes.

4 mars

Valérie H modèle va se faire exclure de facebook, elle met sur sa page des photos de plus en plus audacieuses. Encore une ce matin.

Je me plains de ne plus penser à Muriel, mais elle continue de hanter mes pages ici. Mon actualité 2017, c'est elle.

7 mars

J'ai fait un rêve étrange, dans lequel j'étais confronté à mon beau-fils Nicolas qui ne m'a plus parlé depuis 1998, et m'a superbement ignoré en 2015 au baptême républicain de mes petits fils.

Dans ce rêve, je n'avais plus d'ennemis, tout le monde était réconcilié, il y avait mon ex-femme avec Nicolas, plus de problèmes, plus d'ennemis, et surtout Muriel Baptiste qui m'attendait paisiblement dans l'au-delà.

A mon réveil, je me suis demandé si dans ce rêve, je n'étais pas mort. Il n'y avait plus la fureur du monde, le stress, les problèmes, un pacifisme total.

Cette après-midi, j'ai manifesté, en faisant grève, à l'appel de la CGT, et accessoirement de FO, pour les organismes sociaux et la santé. Mais les rangs étaient bien maigres. La marche fut longue. Il ne faisait que dix degrés et j'ai fort bien fait de garder mon manteau. Le printemps n'est pas encore là. Je suis content qu'il n'ait pas plu, le ciel était sombre.

Je me rends compte que je pense à Muriel tout le temps. Elle est synonyme de printemps. En 1973, je me souviens que lors des matchs de football, au collège, j'étais remplaçant. Je passais le temps du cours d'éducation physique dans un champ de maïs, au bord du terrain d'herbe. Je regardais le ciel bleu, j'étais heureux, amoureux fou de Muriel.

Ais-je vraiment changé ?

8 mars

C'est la journée de la femme. Il y a longtemps, ce jour-là, nous donnions, la déléguée syndicale CGT Arlette D. et moi une rose à midi, à la sortie. C'était un autre temps car nous avions des horaires fixes. Nous étions Arlette et moi au PCF.

Aujourd'hui, sortant vers 11h57 de mon bureau, j'ai surpris un voleur essayant de regarder à travers une fenêtre du rez de chaussée. J'ai signalé l'incident et les personnes compétentes vont surveiller.

Hier, il faisait dix degrés, cette après-midi seize, ce qui annonce le printemps. En sortant, j'ai fait quelques courses et me suis attablé pour boire un demi à la fraise, comme je le fais parfois à la belle saison. Une façon de me poser, d'échapper au stress. J'ai appris cela il y a une dizaine d'années auprès de la part d'un professeur de yoga : prendre un moment dans la journée pour se faire plaisir.

9 mars

Deux degrés de moins qu'hier, 14 au lieu de 16 en fin d'après-midi, cela se connaît.

10 mars

Johnny Hallyday a un cancer et aurait selon « Ici Paris » une espérance de survie de cinq ans. Il est né comme Muriel en 1943.

Hallyday dément et dit que ses jours ne sont pas en danger. En juin, il doit reprendre sa tournée « Vieilles canailles » avec Eddy Mitchell et Jacques Dutronc.

Il fait 18 degrés aujourd'hui, le printemps semble revenir, mais l'on m'annonce que lundi, où je serais à Privas, traversant pour cela un décor ressemblant à celui de « La Princesse du rail », il fera froid.

11 mars

A cette date de l'année me revient toujours en mémoire la mort de Claude François (comme le 25 avril celle de Mike Brant et le 20 août celle de Joe Dassin).

Privas, 13 mars

Journée de réunion préparatoire du Comité d'Entreprise. Le fait de traverser le Rhône et de me retrouver sur la route entre Le Pouzin et Privas me rappelle habituellement Annunciata. Les décors ressemblent à ceux de l'Auvergne. Mais aujourd'hui, je n'y ai pas beaucoup pensé, pris par des tracas personnels.

Valence, 20 mars

En 2017, le printemps a une saveur de Toussaint. Je tremble qu'un homme comme François Fillon puisse être élu président de la République, ce que beaucoup prédisent malgré ses affaires judiciaires.

Ce soir, débat entre les cinq plus importants candidats de la Présidentielle. Aucun n'est plus crédible ni sincère que l'autre. La politique me dégoûte.

21 mars

Je serai soulagé le soir du premier tour des présidentielles quand je verrai François Fillon, l'homme qui veut abolir les 35 heures et favoriser les riches, ne pas figurer au second tour. Pour cela, je renonce à voter pour mon « petit candidat », Nicolas Dupont Aignan, et voterai Macron pour barrer la route à Fillon. C'est triste de devoir toujours voter contre quelqu'un, afin qu'il ne soit pas élu, plutôt que d'avoir un vote d'adhésion.

Fillon devient une psychose, pas seulement pour moi. Un collègue de travail ne se lasse pas de m'énerver en me disant que Fillon va passer.

François Fillon, que j'exècre aujourd'hui, m'avait paru sympathique lorsqu'il s'était fait voler sa victoire par Jean- François Coppé.

C'est un peu dommage que la politique m'écarte de celle à laquelle je ne devrais pas passer une journée sans y penser des heures. Le printemps est synonyme de Muriel.

Ce 21 mars, la mort d'Henri Emmanuelli et la démission forcée de Bruno le Roux font la une, tout cela sera dérisoire dans un an, quand ce journal paraîtra.

22 mars

Hier soir, couché, j'ai voulu parler avec Muriel. Lui dire qu'elle me manque, que j'aimerais la retrouver dans une autre vie.

Je ne sais pas à quoi j'ai rêvé, pas à elle, mais au réveil, je pestais de revenir à la réalité.

Ce soir, attentat à Londres, un de plus de ces fous islamiques. Et François Fillon qui me sort par les yeux. Un peu plus arrogant à chaque preuve trouvée contre lui, même si je n'ai aucune illusion sur les hommes politiques de tout bord.

On ne peut pas dire que le printemps commence gaiement.

23 mars

Long échange avec ma responsable de service, presque trois heures, pour l'entretien annuel. Plutôt positif dans l'ensemble. Nous n'en avions pas eu depuis juillet 2015.

Je suis ravi d'avoir été choisi (après l'avoir longtemps demandé et n'y croyant plus) comme référent dans la lutte contre la fraude.

Le mois qui me sépare des élections présidentielles me paraît long. Je déboucherai le champagne si l'infâme Monsieur Fillon est éliminé au premier tour.

25 mars

Je ne comprendrais jamais les goûts du public français. Je réécoute sur la toile les titres de Martine Clémenceau, qui fit trois albums splendides de 1979 à 1983, un tous les deux ans. Il y avait des titres superbes, mélangeant disco et variétés. Après une carrière d'interprète peu intéressante à partir de l'eurovision 1973, et un duo avec Claude François, elle a aligné des titres qui n'ont pas touché le grand public (à part « Solitaire » repris par la regrettée Laura Branigan), alors que je pensais que ce seraient des tubes. J'ai ragé d'avoir raté, pour cause de service militaire, un concert à Montélimar en 1983. Ensuite, elle a arrêté les tournées, livrant encore le splendide 45t « Cosmonaute », un titre disco en 1985.

Il n'y a pas que Muriel Baptiste dont le public soit passé à côté. Un public qui n'a pas toujours raison. Martine n'a pas fini dans la misère, travaillant pour Herbert Léonard, mais sa carrière solo s'est brutalement arrêtée.

On se demande pourquoi des talents audiovisuels sont ignorés, au profit souvent de grosses daubes que le public plébiscite.

Le jour du changement d'heure, mon radio réveil a rendu l'âme, j'ai eu beaucoup de mal à en trouver un disposant d'un fonctionnement simple.

26 mars

Il est agréable d'être en RTT, quoi qu'ils ne commencent que demain. Profitons-en vite avant qu'un Fillon ne nous les supprime…

J'aime le farniente, écrire ce journal en écoutant Bruce Broughton ou David Newman, des compositeurs américains de films pour enfants et dessins animés, sur ma chaîne hifi.

Le monde va tellement mal, que je n'apprécie plus les films d'épouvante ni leurs musiques.

Je n'ai pas la forme ces temps-ci, fatigue constante. Le moral est fort moyen. Sans doute cette ambiance de campagne présidentielle qui me tape sur les nerfs.

27 mars

Jusque-là, je ne parlais pas de politique sur Facebook, mais à présent, je suis entré en croisade contre François Fillon, pêchant çà et là des vidéos humoristiques qui montrent ses travers.

J'ai trouvé un petit film irrésistible, du genre de ceux qui passent à la télévision dans les émissions de Nicolas Canteloup, qui fait dire tout et n'importe quoi à François Fillon.

Ce petit film de 2 minutes 15 secondes où l'on voit Louis de Funès, Gilbert Montagné, Michel Blanc dans « Tenue de soirée » (« Je ne vais tout de même pas me faire enc*** sous prétexte que c'est un ami »), Didier Bourdon des « Inconnus » à l'époque de la parodie de « Tournez manège » (« Ingrid, es-ce que tu baises ? »), un extrait d'un film français récent que je n'ais pu identifier (n'aimant pas le cinéma français actuel), Belmondo au temps de sa splendeur dans « Le guignolo » (« Vous savez quelle différence il y a entre un con et un voleur ? »), Jean Dujardin dans « Brice de Nice », que ma fille m'a fait connaître, La Compagnie Créole et le film « La nuit des morts vivants », est à se tordre de rire. Fillon me fait peur, et le voir tourner en ridicule, rire de sa peur, prodigue un énorme bien être. Ce film malheureusement, produit par les Insoumis de Jean Luc Mélenchon, ne semble pas exister hors facebook, ce qui est dommage, car il faut un compte pour y accéder.

28 mars

David m'a tenu 4h30 au téléphone, et m'a appris qu'il a retrouvé le film « Le mois le plus beau ». L'unique bobine en 35 millimètres se trouve dans les archives de Gaumont.

Je vais tout faire pour persuader un éditeur DVD de nous le proposer. Je connais Victor Lopez d'Elephant Films que j'appellerai ou contacterai par mail. Verrais-je enfin le seul film de Muriel que je n'ai pas (en dehors de 25 des 26 épisodes de « Quelle famille », son tout premier rôle filmé, mais moins intéressant).

Gaumont accepterait de le prêter pour une unique projection, qui aurait lieu dans la banlieue parisienne, si David trouve une association culturelle, seule habilitée à faire la demande, mais une telle opportunité serait frustrante.

Je pense que ce jour, un long combat, un véritable chemin de croix, commence, preuve que Muriel Baptiste reste mon principal intérêt.

Viviers, 29 mars

13e film vu avec Lucas, « Baby Boss ». Ma fille me dit que lorsque Lucas aura onze ans, il n'ira plus avec son grand-père au cinéma, et il en aura dix en novembre. Lohan, son cadet de sept ans, prendra le relais.

J'ai pu discuter avec mes filles, mon gendre, jouer avec mes petits-enfants, et le grand moment a été la visite d'une chapelle à la sortie de Viviers. Ma fille Claire me dit que l'endroit est apaisant. Dehors, nous avons joué au ballon (on ne peut pas parler de foot à ce niveau-là) même si l'on frappait le ballon avec les pieds.

La sérénité de l'endroit était troublée par un paysan qui coupait des arbres à la tronçonneuse. Habituellement, ma fille m'assure que l'endroit est silencieux.

J'ai mangé le soir (végétarien) et suis rassuré sur le bonheur de ma fille et la santé de mes petits fils, même s'ils ont toujours (sans doute comme tous les enfants) des problèmes (Lohan a un staphylocoque doré dont on ne sait l'origine). Il est soigné et surveillé.

Mon petit-fils semble un surdoué d'après des tests qu'il a passés. Il a construit une petite installation électrique et je lui tire mon chapeau car je serai bien incapable d'en faire autant.

Ce fut une journée de bonheur intense, sans stress. Je suis rentré tard. La radio ne fait que parler des présidentielles et des trahisons des uns et des autres. Manuel Valls qui se rallie à Emmanuel Macron qui ne veut pas de lui.

Lucas veut le DVD de « Monster cars » mais il ne sortira que début mai, je lui offrirai. C'est le film que nous avons vu le 29 décembre 2016.

Valence, 30 mars

Victor Lopez, de la société Eléphant Films, ne serait pas contre éditer en DVD « Le mois le plus beau » dont l'atout commercial est Michel Galabru, mais les droits appartiennent à Studio Canal (avec lequel les relations sont peu faciles) et Unifrance. J'ai contacté par mail les responsables d'Unifrance.

Je ne connais personne chez les autres éditeurs qui pourraient le sortir : LCJ, Koba Films. Pour eux, à la différence de Victor Lopez, je ne suis qu'un consommateur anonyme.

Car qu'espérer découvrir désormais de Muriel Baptiste sinon voir ce film introuvable ?

31 mars

La CFDT dépasse la CGT en pourcentage, et devient le premier syndicat de France. Les médias s'en donnent à cœur joie. Encore une victoire du libéralisme. La CFDT ne sert à rien qu'à passer les plats au patronat.

La bonne nouvelle depuis hier, je l'apprends de Facebook. Pour barrer la route à l'infâme Fillon, je ne vais pas être obligé de voter pour cette baudruche de Macron. Jean-Luc Mélenchon d'après le groupe facebook « La France Insoumise » passe en troisième, soit devant Fillon. J'allais voter en me pinçant le nez pour Macron, je voterai des deux mains pour Mélenchon, qui incarne en France ce que Podemos est en Espagne et Syriza en Grèce. Mélenchon est bon orateur, mais je ne l'ai jamais aimé. Il n'a pas le charisme de Georges Marchais. Je n'aime pas trop ses positions sur l'immigration. Mais il a l'avantage d'avoir, à mes yeux, été un socialiste de l'aile gauche, soit honnête, et d'avoir représenté le courant « Nouveau monde » avec feu Henri Emmanuelli. Bien sûr, je préfère Arnaud Montebourg, mais il n'est pas dans la course, et Dupont Aignan est bien trop bas dans les sondages pour être un frein à François Fillon.

2 avril

Anxiété aujourd'hui. J'ai dû faire appel à un dépannage à distance pour mon ordinateur. Je ne pouvais plus scanner sur mon imprimante les pochettes de CD vers mon ordinateur.

J'ai été surpris qu'un dépanneur soit ouvert le dimanche. Il m'a solutionné mon problème à distance en presque deux heures pour une facture de 20 euros.

3 avril

Je me demande bien pourquoi hier soir j'ai voulu savoir ce qu'était devenue Lise Lachenal, actrice que je n'ai vue que dans « Les dernières volontés de Richard Lagrange » et « Le premier juré ». Dans ce dernier feuilleton, elle est particulièrement attractive, sage mais sexy. Or, la comédienne est née en 1938 et a aujourd'hui 79 ans. C'est une vieille dame. 1938, c'est l'année de naissance de Diana Rigg et d'Enrico Macias, de tête. Le choc est énorme entre l'accusée sexy du « Premier juré » et la vieille dame à la voix presque chevrotante du reportage vidéo.

Dire que Muriel serait vieille aujourd'hui, elle aurait en juillet prochain 74 ans.

J'ai fait ensuite cette nuit un beau rêve où je retrouvais Muriel après ma mort. Mais je n'avais pas envie de retourner au travail après une semaine de congés comme si j'avais un pressentiment.

Et je n'ai pas été déçu. Tout mon bureau a été chamboulé, tous les bureaux et installations déplacés, et on a entassé en vrac mes affaires dans une caisse. Content, pas content, c'est pareil. J'avais envie de pleurer. La photo dans un petit cadre de Claire et Lucas voisinait avec toutes mes affaires mélangées. Il m'a fallu du temps pour tout retrouver, mais les bureaux étant minuscules, je n'ai plus la place de tout mettre. Il m'a fallu me séparer de mes documents syndicaux qui ont rejoint la salle du rez de chaussée, où se trouve une armoire CGT fermée à clef. Pour finir de m'assommer, la réunion mensuelle syndicale, sans mon accord, par les adhérents, a été déplacée au vendredi, où je suis en RTT. Ils se passeront de moi.

Vis-à-vis de l'employeur, j'ai l'impression de n'être qu'un numéro, qu'un objet remplaçable et surtout pas indispensable. J'étais mille fois mieux dans mon rêve où j'avais rejoint Muriel.

5 avril

Hier, le débat présidentiel à 11 candidats sur BFM-TV, que j'ai regardé jusqu'à 23h00, ne m'a rien apporté, à part quelques rires salvateurs en raison de l'attitude de Philippe Poutou, le candidat du NPA (Nouveau Parti Anticapitaliste). Mon candidat (Mélenchon) n'a pas fait de bourdes, mais était moins brillant que lorsqu'il est seul. Il a su présenter une autre image, un sage, et pas un enragé comme lors de ses meetings. François Fillon a gardé son calme, avec son air narquois, et me semble toujours aussi dangereux.

Je ne connaissais pas François Asselineau, il m'a paru très pertinent dans ses interventions, mais n'a aucun charisme, il évoque un professeur et malheureusement devient vite ennuyeux, alors qu'il dit des choses exactes. Macron semble s'être moins bien tiré d'habitude de l'exercice, il avait été meilleur lors du débat à cinq. Or, ce qui sera déterminant, est la capacité de Mélenchon pour empêcher Fillon de passer le cap du second tour. Marine Le Pen a joué « soft » et pas vindicative comme naguère. Comme si elle savait sa place assurée au second tour. Dupont Aignan, brillant comme d'habitude, possédait, comme tous les petits candidats, la désinvolture de ceux qui n'ont rien à perdre. Hamon faisait peine à voir, comme s'il y croyait toujours, alors qu'il doit être le premier à savoir que la partie est perdue pour lui.

Attaqué par Laurence Ferrari, Fillon a montré les dents. Il s'est plaint de ne pas bénéficier de la présomption d'innocence. Et a taclé les journalistes. Son « Un président exemplaire c'est » répété à l'infini m'a rappelé Hollande en 2012 avec le fameux « Moi Président ». Il donne rendez-vous aux français pour le juger dans un peu moins de trois semaines.

Jacques Cheminade n'est pas l'illuminé que je croyais. Il s'est mis en colère. Jean Lassalle est difficilement audible avec son accent basque et sa mauvaise prononciation.

Je ne serai rassuré que lorsque Fillon sera éliminé le 23 avril. Ou désespéré s'il l'est. Je voterai Mélenchon, mais je pense que les jeux sont faits et que Macron gagnera.

Il fait 15 degrés et le vent souffle sur Valence. Malgré le soleil, on se croirait en automne ou en hiver. C'est bien désolant, à l'image de la potentielle élection de François Fillon.

6 avril

La campagne présidentielle va complètement dévorer ce *journal*. Aujourd'hui, j'apprends que Fillon remonte à 19% tandis que Macron perd du terrain.

Mon psy qualifie de « facho » François Fillon et va voter Macron, mais il craint fort que l'homme de la Sarthe gagne et que nous souffrions beaucoup. Austérité, régime dur pour les pauvres, âge de la retraite repoussé, etc.

Mon psy est censé me redonner le moral mais Fillon l'ébranle totalement. Le crétin qui lui a jeté de la farine à Strasbourg lui permet encore de se victimiser.

7 avril

Agréable journée de RTT. Il y a longtemps (était-ce la veille d'un départ en vacances d'été ou d'un déménagement, je ne me souviens plus, dans les années 90), j'ai regardé en diagonale un film avec l'actrice Greta Scacchi que j'adore depuis « Les vaisseaux du cœur » : « Un homme amoureux », de Diane Kurys, avec Claudia Cardinale, Vincent Lindon, Peter Coyotte, Jamie Lee Curtis. Je me laissai prendre au film. Puis, le jour où il fut rediffusé, je l'ai enregistré sur une cassette VHS et regardé plusieurs fois sans me lasser. C'était en 2004 et 2005.

Malheureusement, je n'ai pas pris la précaution quand mon combiné VHS-DVD fonctionnait d'en faire une copie sur DVD (comme j'en possède une pour « Les vaisseaux du cœur », introuvable sauf en DVD en allemand !).

Ce film a fait l'objet d'une réédition en 2009 en DVD, mais n'est pas resté longtemps dans le commerce, un tirage et puis il fut vite épuisé. Le cas n'est pas rare, il est arrivé avec un film de Muriel, « Les risques du métier » que (l'on s'en doute) j'ai acheté à temps.

« Un homme amoureux » est vendu à prix d'or, autour de 100 euros, ce qui est inabordable. Un jour, quelqu'un me le propose à un prix raisonnable sur un site de vente genre Price Minister, mais curieusement, me rembourse, j'ai toujours pensé que le vendeur avait réalisé que le dvd valait plus cher et qu'il le bradait. Ce jour, une nouvelle offre m'est proposée et je me suis jeté dessus, en espérant cette fois pouvoir posséder ce film et le revoir à l'infini.

Hier soir, la chaîne « Paris Première » proposait un autre de mes films culte, distraitement, je croyais que c'était pour ce soir : « Esprits rebelles » avec Michelle Pfeiffer. Je me suis dit que ce n'était pas grave car ce film-là est disponible en DVD et que je l'ai acheté fin 2014 d'après mes fichiers Excel, mais après vérification, le vendeur m'avait, comme celui de « Un homme amoureux », remboursé, ne l'ayant plus en stock. Comme je veux revoir le film, et de toute façon l'avoir en DVD, je l'ai donc commandé.

Il y a assez de films introuvables comme celui de Muriel « Le mois le plus beau » pour se priver lorsqu'un de nos films culte est disponible. J'avais choisi pour quelques films, vu leur bas prix, de les racheter en DVD plutôt que de les copier, ce fut le cas pour une poignée réduite de films : « Le cercle des poètes disparus », « The faculty »,

« Traque sur Internet », « Frankenstein s'est échappé » et je le croyais donc, « Esprits rebelles ».

Heureusement qu'il y a les CD et les films pour s'échapper d'une réalité sinistre : la campagne présidentielle avec l'épouvantail que représente Fillon, le bombardement en Syrie de Trump, l'attentat islamiste à Stockholm quelques heures après.

Par curiosité, j'ai regardé ce que devenait Greta Scacchi et si elle tournait encore. Née en 1960, elle n'a qu'un an de moins que moi, mais n'a plus le physique des années 80-90. L'âge nous abime tous. Cependant, elle joue dans des séries récentes comme « Versailles », et je ne l'aime pas assez pour me coltiner ce genre de choses. Il n'y a guère que Scott Bakula qui me fasse regarder son « NCIS Nouvelle Orléans ». Les séries récentes, je ne les aime pas. De Greta Scacchi, il en est pour moi comme de Geneviève Bujold, je les ai toutes deux adorées dans deux films, pour la canadienne « Morts suspectes » et « Obsession ». Il n'y a que Muriel Baptiste, Roger Moore et Scott Bakula dont je puisse suivre de façon inconditionnelle toute la filmographie.

9 avril

Muriel Baptiste, toute sa vie, aura eu la poisse, et cela continue post mortem.

En 1967, elle a tourné avec Michel Galabru un film intitulé « Le mois le plus beau ».

Voici le SOS que j'ai mis sur Facebook à la fois dans le groupe « Michel Galabru », et à mes 5000 amis.

Un film de Michel Galabru en péril : il n'en reste qu'une copie chez Gaumont en 35 mm : "Le mois le plus beau", 1968, de Guy Blanc, que Michel Galabru évoque dans ses mémoires. La cinémathèque française m'a dirigé là. Chez Gaumont, ils veulent bien prêter le film mais pas à un particulier, à une association culturelle, qui trouverait un cinéma disposant encore de matériel pour projeter ce format. J'ai appris chez Gaumont que pour la diffusion sur Antenne 2 en 1984, le film avait été mis sur une cassette vidéo qui a été détruite. Alors, si beaucoup de fans de Michel se manifestent auprès de Studio Canal, on pourrait avoir ce film rare en dvd. Il y a Georges Géret, Magali Noel, Jean Bouise, Yves Rénier, Muriel Baptiste, Christian Marin. Ce film ne mérite pas l'oubli. Je sais aussi que les habitants d'Aiguèze dans le Gard aimeraient l'avoir, donc l'éditeur aurait des ventes assurées. Admirateurs de Michel, qu'en pensez-vous ?

Si vous voulez cette réédition, écrivez à UNIFRANCE.

Fin du message. Je dois ajouter que je me lasse, concernant ma chère Muriel Baptiste, de me battre contre les montagnes. Il arrive un moment où l'on se retrouve dans une impasse.

10 avril

J'ai rêvé cette nuit à la chanteuse Gigliola Cinquetti qui me rappelait Muriel, pas physiquement, mais par certains côtés. Une sorte de Muriel Baptiste de substitution, entreprise perdue d'avance car il n'y aura jamais qu'une seule Muriel, et c'est bien là le drame.

Muriel était unique et sa perte est irréparable. Gigliola dans la « vraie vie » n'a rien de commun avec Muriel. Je l'ai croisée à Rome près du Colisée (elle habitait à côté) mais ne l'ai pas abordée, car je connaissais le caractère de la dame à la suite d'un bref échange téléphonique. Son mari, le journaliste Luciano Téodori, de la RAI, est un homme charmant et sociable. Je l'ai rencontré sans elle, et il était tout à fait aimable, simple. Gigliola est une fille de la grande bourgeoisie de Vérone, tandis que Muriel venait du peuple. Je sais que jamais Muriel ne m'aurait jetée de façon aussi discourtoise que Gigliola le fit. Elle avait d'autant moins d'excuses qu'à l'époque, elle ne devait plus guère être ennuyée, s'étant mariée et ayant arrêté de chanter.

Muriel a beau avoir à certaines époques un peu ressemblé à Anne-Marie David ou à Diana Rigg, il ne faut pas s'y méprendre : elle était unique.

Demain, je penserai très fort à elle car je serai à Lyon, pour un stage CGT, la ville où elle est née, même si elle ne devait pas en garder de bons souvenirs, malmenée par ses parents et envoyée en pension en Angleterre.

11 avril

Je ne suis finalement pas allé à Lyon, la personne qui devait assurer le covoiturage ayant été malade.

Cette-nuit, j'ai rêvé des livres de Charlélie Couture, j'en possède, dans la vraie vie, deux : « Les dragons de sucre », paru chez Ramsay en 1990, et « Do not disturb », (Plume, 1993). Ce sont des recueils de nouvelles. « Do not disturb » dont le sous-titre est « Rêves d'hôtel », a je crois été écrit durant une tournée. Charlélie Couture est une personnalité apaisante dans ce monde de fous, la différence avec la réalité est que dans le rêve, j'étais entouré de livres de lui.

Ce soir, sur Ebay, choc : je trouve pour une somme modique, 2.90 euros, une revue de 1966, « Elle », datée du 3 janvier, qui comporte à l'intérieur une grande photo de Muriel. Une revue dont j'ignorais l'existence. Je l'ai bien entendu immédiatement commandée.

Les choses n'avancent pas en revanche dans ma recherche du film « Le mois le plus beau ».

13 avril

Je revois en DVD « Un homme amoureux » avec Greta Scacchi.

Moins bon que « Les vaisseaux du cœur » avec la même Greta, le film est plus réaliste, tandis que « Les vaisseaux » est davantage romantique.

Dans les deux films, le personnage de Greta perd sa mère de façon dramatique, elle se fait écraser par une voiture dans « Les vaisseaux » sous les traits de Claudine Auger (mais le roman rend cette scène poignante alors que le film l'édulcore), tandis que dans « Un homme », interprétée par Claudia Cardinale, nous assistons à sa longue agonie d'un cancer.

Je préfère « Les vaisseaux du cœur » car j'ai toujours aimé les histoires d'amour à l'eau de rose, comme une midinette.

Il y a une plus belle distribution dans « Un homme amoureux » : Peter Coyotte, Vincent lindon, Jamie Lee Curtis, Claudia Cardinale.

Autant un film comme « Mauvaise fille » avec Izia Higelin et la mort d'un cancer tout au long du film de la mère sous les traits de Carole Bouquet m'avait mis mal à l'aise, autant la mort de Claudia ici est supportable. Il y des scènes de sexe, mais elles sont brèves, « Un homme amoureux » est un film où l'on prend son temps de raconter l'histoire, avec même des pauses, des temps morts.

Dans « Un homme amoureux », la mort de Claudia Cardinale est certes déchirante, mais paisible. Je n'aime plus trop Jacques Higelin mais il chantait dans une de ses chansons « La mort fait partie de la vie », ce qui est fort juste.

D'un coup, le film bascule avec le cancer en phase terminale du personnage de Julia (Claudia Cardinale). On passe des batifolages à la tragédie. Peter Coyotte enfin son personnage d'acteur vedette qui incarne le poète Cesare Pavese, hésite entre sa femme légitime (Jamie) et sa maîtresse (Greta), au point qu'il risque de se suicider comme le fit dans la réalité Pavese.

Ma mère regarde avec moi et voudrait revoir la série « Les oiseaux se cachent pour mourir », facile à trouver en DVD. Je vais la lui acheter.

14 avril

Ce matin, j'ai tout fait pour retrouver le film de Muriel « Le mois le plus beau » et je suis content de moi. Si avec cela, je n'y arrive pas, c'est que je suis destiné à ne jamais le voir.

J'ai appelé la mairie d'Aiguèze dans le Gard, qui m'a donné plusieurs pistes, dont un monsieur, Charles B., qui m'a rappelé et a « bon espoir » de me trouver le film. Il a assisté au tournage, me dit qu'une projection a eu lieu il y a quelques années à partir d'une cassette vidéo, et que le film était disponible en téléchargement illégal sur Internet, ce qui n'est plus le cas lui ai-je répondu.

J'ai passé une annonce pour trois semaines dans « Midi Libre », que lisent les derniers 222 habitants.

Nous sommes maintenant dans la situation où j'ai fait tout ce qui était humainement possible pour avoir ce film. En faire plus n'est pas envisageable.

L'horizon se présente sous les meilleurs auspices car le magasin de télévision valentinois (que j'ai rappelé) serait d'accord de me dupliquer la cassette sur un dvd vierge.

La balle est dans le camp de la chance, et montre que lorsque je suis motivé, je ne suis pas trop mauvais pour obtenir ce que je veux.

Cette après-midi, un coup de téléphone sur mon portable, qui résulte d'une annonce que j'ai passé sur « Le Bon Coin » le 12 avril (dont je ne me souvenais même plus ou presque). L'interlocuteur m'a intrigué au sujet du moyen de paiement : il veut un « Western Union », n'a pas de compte paypal, ne prend pas les chèques. Omar Azouagh est de Paris, et me demande après une proposition à 20 euros la somme de 30 euros pour le DVD.

16 avril

J'ai fait un très beau rêve où j'étais en décembre 1972, attendant la diffusion des « Rois maudits », preuve si besoin est que Muriel Baptiste occupe toutes mes pensées. J'aurais voulu que ce rêve dure encore plus longtemps.

Il me tarde que la campagne présidentielle se termine, j'ai une overdose de sondages, d'opinions de journalistes, de débats télévisés. Il ne faut pas que j'oublie de mettre une bouteille de champagne au frais si, comme je l'espère, François Fillon est battu dès le premier tour.

17 avril

J'écoute sur ma chaîne stéréo la trompette de Georges Jouvin. C'est sans enthousiasme que demain je vais retrouver le bureau, et le syndicat l'après-midi pour la préparation d'un premier mai où je n'irai pas.

Les jours qui viennent devraient être décisifs pour savoir si j'aurais ou non « Le mois le plus beau » en DVD.

18 avril

Cauchemar cette nuit, je devais assister à un concert de Lara Fabian en Belgique, et c'était aux Pays-Bas, ou l'inverse. Quoi qu'il en soit, je m'étais trompé de pays. Je n'étais pas au bon endroit.

David est pessimiste quant au fait que je retrouve une copie du « Mois le plus beau », et il est vrai que pour l'instant, je ne vois rien venir. Mais il me semble un peu tôt pour se décourager.

« Cévennes Magazine » publie un article sur le film en me disant que « cela peut m'aider dans mes recherches ». Je ne vois pas comment.

Réunion à la maison des syndicats à la CGT cette après-midi. Selon les militants, Mélenchon n'a aucune chance. Je vais donc voter Macron.

19 avril

J'ai reçu le magazine « Elle » N°1050 du 3 février 1966 avec un petit article et une photo de Muriel. On y apprend qu'elle mesurait 1.61 mètres, et avait pour idoles Bardot et Moreau. Son violon d'Ingres serait la peinture à l'huile.

David m'avait assuré qu'elle mesurait 1.57 mètres

Omar Azouagh est un voleur, son numéro de téléphone n'existe déjà plus, il m'a arnaqué. Jamais plus d'achat par « Western Union ».

20 avril

Mon psy et moi seront plus sereins la semaine prochaine lorsque François Fillon sera éliminé. Ou pas. Tout peut arriver. Il trouve injuste que Marine Le Pen fausse le jeu en se qualifiant de façon certaine au premier tour, pour être éliminée au second. Cela ne laisse de la place que pour un candidat : Macron ou Fillon.

A part voter, il me dit que nous n'y pouvons pas grand-chose.

Aujourd'hui, la télévision est bien fade comparée à celle de mon enfance. Le moins que l'on puisse dire est que Muriel Baptiste m'a marquée de façon indélébile.

23 avril (Matinée et début d'après-midi)

D'après l'émission d'hier sur France 2 « Alcaline », voici les chanteurs français qui, dans l'ordre, ont gagné le plus d'argent en 2016 : 1. Le DJ David Guetta 2. Johnny Hallyday 3. Les Insus (Téléphone) 4. Renaud 5. Matt Pokora 6. Kenji Jirac.

C'est désespérant quand on se rappelle les chanteurs que l'on avait dans les années 70.

23 avril (soirée)

La télévision belge annonce Fillon en 4e. Macron serait premier, et pour la deuxième place, dans un mouchoir, Marine et Mélenchon (19h40).

Mais ce *journal* va attendre les résultats officiels. Si Fillon est éliminé, je me souhaite dans la foulée une copie du film « Le mois le plus beau » et une compagne.

Isabelle T. me recontacte via le réseau « Google + ».

On attend 20h00.

Macron-Fillon sont annoncés. Ouf, Fillon est éliminé ! Du goudron et des plumes l'attendent, je pense que ses copains vont s'occuper de lui.

24 avril

Ma responsable de service me tend une feuille, j'apprends que j'ai 4 points d'augmentation. C'est le cas tous les cinq ans. Mais ma mère à midi, lorsque je lui montre le papier, s'étonne : je ne suis plus « technicien » mais « gestionnaire », autrement dit je passe de niveau 2 (salarié de base) à niveau 3, en plus degré 1, ce qui me laisse des perspectives d'augmentation.

Je suis terriblement déçu de la défaite de Jean-Luc Mélenchon. Mais l'on a échappé au pire.

J'attends maintenant un coup de téléphone de l'ancien maire d'Aiguèze que je ne peux relancer. J'espère qu'il va pouvoir me copier « Le mois le plus beau ».

25 avril

C'est le jour anniversaire de la mort de Mike Brant, mais plus personne n'en parle. Serait-il oublié ?

J'ai écrit un message d'amour à Muriel sur mon blog, et je tiens à le mettre sur ce journal, où ne figurera pas la vidéo de Jean Ferrat qui l'accompagne.

« Nul ne guérit de son enfance »

Muriel, pardonne-moi, je ne t'appellerai jamais Yvette, Tu me passeras un savon si tu veux quand on se retrouvera après la vie. Je trouve ce prénom... si différent de toi.

Mais quel manque d'amour tu as eu, jetée très jeune en pension en France et en Angleterre par des parents indignes, créant en toi des fêlures irréparables. Ces pensions, tu en as parlé sans détour, dès ta première interview par Télé 7 jours le 31 mai 1965 lors de la diffusion du premier épisode de "Quelle famille". Tu n'as rien caché, tu n'avais pas à avoir honte, et tu as bien eu raison.

François Gémine, deuxième mari de ta mère, ne t'a vue qu'une fois, à l'âge de sept ans. Le moins que l'on puisse dire est que tes parents, en particulier ta mère indigne, ne se sont pas occupés de toi, qui méritait tant d'amour.

Quelle misère ! Tu étais la meilleure actrice de ton époque, et l'on t'a sabordé ta carrière, mais s'il t'a manqué de la persévérance à partir de 1974, on peut dire que tes parents qui t'ont privée d'amour y sont pour beaucoup.

Pour une fois, je ne mets pas une photo de toi, mais une vidéo de Jean Ferrat : "Nul ne guérit de son enfance", et à ma manière, moi qui aie eu une enfance dorée, bien que modeste, c'est de toi, de ta disparition, que je ne guéris pas. Et saches que moi je t'aime de toute mon âme. Je ne comprendrai jamais tes parents, qui sont impardonnables.

28 avril

Ma nuit fut douce, bercée par des rêves de Muriel. La journée, infiniment moins. La routine, le travail, le syndicat.

J'ai une lassitude de tout, sauf de Muriel Baptiste, qui est revenue au centre de tous mes intérêts, à qui je pense à nouveau sans arrêt.

29 avril

Toujours aucune nouvelle concernant le film « Le mois le plus beau ». Je n'ose relancer mon contact à Aiguèze de peur de l'exaspérer, mais après la joie, c'est la déconvenue. J'en parlais le 19 avril dans ce *journal.* Je n'y crois plus, je suis passé près de mon rêve d'avoir ce film avec Muriel, mais n'ai fait que le frôler, je suis passé à côté.

Ce n'est pas que le film soit extraordinaire, mais cela aurait permis de compléter ma vidéothèque de Muriel Baptiste.

Les trois semaines d'annonce passées dans le *Midi Libre* n'auront servi à rien. On me dit souvent que je suis pessimiste, mais des exemples comme celui-là me rendent ainsi.

Depuis le 19 avril, je laissais sans arrêt mon téléphone portable en marche alors que j'opte habituellement pour la fonction « silencieux », attendant un éventuel coup de fil d'Aiguèze ou de lecteur du *Midi Libre*. Je le remets en silencieux, je n'y crois plus.

30 avril

Merveilleux rêve de Muriel cette nuit. Je vis dans le passé, et cette après-midi, j'ai regardé pour la énième fois un film d'Alfred Hitchcock « Pas de printemps pour Marnie ».

Cette nostalgie qui m'incite à revoir à espaces réguliers « Rebecca », « Les vaisseaux du cœur », « Un homme amoureux », est la preuve que je ne me sens pas bien dans le monde actuel. J'ai besoin d'un petit univers à moi, confortable et sans surprise, calfeutré.

C'est dans mon sommeil que je suis le plus heureux, exception faite bien entendu des nuits de cauchemar. Il n'est pas anormal que je fasse tant de rêves de Muriel à laquelle je pense toute la journée.

1er mai

Je relance par une petite lettre l'ancien maire d'Aiguèze, mais ne crois plus que j'aurais mon DVD.

« Cher Monsieur

Je vous ai téléphoné le 19 avril au sujet du film « Le mois le plus beau » que vous avez enregistré sur une cassette VHS.

Vous deviez voir une personne qui transfère les VHS sur DVD.

Je vous serai reconnaissant de me donner les résultats de cette démarche et si je peux espérer avoir ce DVD.

Vous remerciant par avance,

Veuillez agréer... »

Quelle déception ! En l'absence de nouvelles depuis douze jours, on peut tout supposer. Il ne sert à rien de se répandre en hypothèses.

Pour me consoler, je regarde « Allo Juliette » avec Muriel, dont le son est épouvantablement mauvais.

2 mai

J'ai eu un peu honte aujourd'hui. Faire tout un plat pour une cassette vidéo de Muriel lorsque, dans la vie, des choses bien plus graves peuvent survenir.

J'ai appris qu'un de mes collègues de travail, plus jeune que moi (48 ans en juin) souffrirait d'une grave maladie.

5 mai

Nous arrivons à la fin des élections présidentielles, dont le résultat s'annonce sans surprise. Ce matin, sur Facebook, le chanteur Charlélie Couture met en garde les abstentionnistes, en les incitants à voter Macron.

Depuis New-York où il s'est exilé depuis 2004, vexé d'avoir été évincé d'un concours d'art plastique, je trouve qu'il dramatise beaucoup les choses.

Jusqu'ici, il ne s'était jamais hasardé à parler si franchement, faisant généralement des discours interminables, sans répondre ensuite aux internautes qui lui donnent leur avis.

Charlélie, depuis son exil, est un bobo à la façon de Benjamin Biolay, artiste qui a assuré les arrangements de son dernier album. Qui se ressemble s'assemble.

Voici exactement la prose de Charlélie dont je pense n'ont accès que ses « amis » Facebook, limités à 5000, dont je fais partie.

« Comme son nom l'indique, un premier tour est une étape de sélection qu'on fait en fonction de certaines attirances/convictions. N'étant qu'une alternative binaire, le second tour propose seulement un choix restreint, qui n'est pas forcément conséquent de celui qu'on a fait au premier tour. Pour autant, le fait de devoir mettre dans l'enveloppe un « second choix » ne fait pas de nous un renégat, disons qu'on opte pour « le moins pire » voilà tout. Notre conscience n'a pas à s'en ressentir souillée. Un vote n'est jamais qu'une tendance, une couleur. Bien sûr il y a le vote blanc… Pffff. Et même s'il était comptabilisé… quoi ? Une indécision mécontente, oui et alors ? Pas plus que l'abstention, le vote blanc ne fait pas avancer les choses. Et puis, il ne faut pas exagérer non plus : un bulletin, ça n'est qu'un confetti dans le grand sac du carnaval de la politique. On peut choisir de « faire la fête » ou pas, mais soyons réalistes : combien de fois a-t-on été trompés par des baratineurs motivés qui, une fois élus se sont trouvés dans l'impossibilité de faire ce qu'ils avaient promis ? Dans un mois, on remet ça. Les législatives permettront de préciser les avis.

Mais voyons les choses autrement : la Gauche socialo-communiste tout comme la Droite traditionnelle toutes deux éliminées sont absentes du second tour, ceux qui n'en pouvaient plus des partis auraient dû être contents, mais non ! Ils ont fait un blocage, et sont restés chez eux, en disant : ça se fera sans moi. Gniak gniark, bien fait pour « eux », ces bandes de cons ! Alors voilà, imaginons qu'on est le 7 mai au soir, Marine Le Pen est élue ! La tenue de camouflage du FN a permis à l'extrême-droite de prendre le pouvoir… C'est la vengeance des insatisfaits et des pisse-vinaigres, ceux qui plantent leurs convictions dans des vases de pensées remplis d'une eau saumâtre dans lesquels fanent des bouquets de confusion, ces éclopés fumant de haine et ruant du sabot dans leur stalle d'ignorance, ceux-là sont dans la rue, tirant des salves et fêtant le retour des lois de coercition. Ok, pour eux, jusque-là non-représentés, cette élection est un aboutissement. Mais pour toi ?
Toi, qui n'est ni un trader ambitieux ni une élite mais qui t'inquiète pour l'avenir de tes enfants qui ont grandi au milieu de la diversité culturelle et des idées partagées, toi, qui a de moins en moins de moyens mais qui « travaille que vaille » et continue à faire tes devoirs sur les bancs de la fameuse « classe moyenne », toi, qui certes un jour t'es fait voler le téléphone portable que t'avais mis dans une poche large mais que les grandes puissances ont dépouillé bien plus que ne le feront jamais tous les pickpockets kosovars de la Terre, toi, qui ressent l'angoisse dans l'air, sans pour autant avoir jamais été réellement menacé que par tes semblables, toi, qui ne te

définit pas vraiment comme un antisémite obsessionnel et qui plaint les parents dépassés dont les enfants-guerriers s'engagent dans un djihad fou, toi, qui certes, ne rentre pas seul(e) la nuit et qui évite prudemment certains quartiers oui, mais toi aussi dont les copains, et/ou ceux avec lesquels tu as du plaisir à te retrouver, sont issus de nombreuses origines, toi qui profite des soutiens d'une démocratie bcp trop administrative mais malgré tout bien plus confortable que nombre d'autres systèmes politiques tyranisant les peuples d'ailleurs, toi, qui compatit au sort de tes semblables et qui t'engage dans des assoss, toi, qui t'es identifié aux trois mots de la République, Liberté, Egalité, Fraternité, toi, ce soir-là, comment te sens-tu ?

De même on sent bon, ou l'on sent mauvais,
On se sent bon, ou l'on se sent mauvais.

Si tu n'as pas voté, toi, ce soir-là, comment te sentiras-tu ?

CharlElie Couture »

J'ai laissé volontairement ses fautes d'orthographe ou approximations « assoss », abréviations (« bcp »). Sauf l'une qui jurait dans mon *journal*, « ce qu'ils avait promis » (Charlélie devrait se relire) au lieu de « avaient ».

Je trouve qu'il sort de son rôle d'artiste (même si évidemment cela ne doit être une surprise pour personne que Couture soit contre Marine Le Pen), et que cela ne changera en rien le résultat des urnes.

J'ai fait par Internet ma déclaration d'impôt sur le revenu et celle de ma mère.

La mort de Victor Lanoux m'a laissé indifférent. « Louis la brocante » est pour moi le synonyme de la décadence de la télévision française, nous ne sommes pas loin de « Joséphine Ange Gardien ». Reste le cinéma d'Yves Robert, auquel fait référence Guy Bedos en lui rendant hommage sur France Info, qui ne m'a jamais intéressé.

A la télévision, l'hommage pour les 30 ans de la disparition de Dalida aura été discret (uniquement sur les chaînes du câble), celui des 42 ans de la mort de Mike Brant inexistant, alors qu'il y a eu deux émissions pour le chanteur de la téléréalité Gregory Lemarchal dont c'est le dixième anniversaire déjà du départ. Gregory appartient à une époque qui pour les variétés n'est déjà plus la mienne, ayant toujours en horreur « Star Academy ».

6 mai

Lara Fabian veut absolument s'imposer sur la scène internationale en anglais, face à Céline Dion je suppose, et après son merveilleux retour en variété française avec l'album « Ma vie dans la tienne », elle vient d'enregistrer « Camouflage », son 3e album en anglais, sans tenir compte que les deux premiers en 1999 et 2004, dont les titres phares étaient « I will love again » et « A wonderful life », ne lui ont pas permis de réussir à s'implanter aux

USA, mais en plus l'ont éloignée du public français. Le disque n'est pas encore sorti.

Ainsi, l'an prochain, la tournée « Camouflage » ne comportera qu'une date en France, à Paris, le 16 juin 2018, alors qu'elle ne devait revenir à la scène qu'en 2019.

Je trouve cela dommage, car avec « Ma vie dans la tienne » et le duo de compositeurs Elodie Hesme et David Gategno, elle tient un filon en or qui lui a permis de retrouver la veine de ses quatre grands succès « Je t'aime », « Tout », « J'y crois encore » et « Immortelle ».

David Gategno est l'un des membres du duo « David et Jonathan » et a fait d'énormes progrès depuis « Est-ce que tu viens pour les vacances ? » et « Bella vita ». Son duo de 1988 ne m'enthousiasmait guère, mais en compositeur de Lara, je trouve qu'il a fait des merveilles, car depuis 2001 et « J'y crois encore », elle n'avait rien enregistré d'intéressant.

Lara Fabian se regarde autant qu'elle s'écoute, et je reste un peu dubitatif de réserver une place au 36e rang en 2018, car je suppose qu'avec un seul concert, les places vont s'arracher.

Il est également bien dommage que Lara se soit totalement opposée à la sortie d'un DVD live de la tournée « Ma vie dans la tienne ».

Mon unique concert 2017 risque fort d'être Frédéric François que je n'ai pas revu depuis 2006. Il passe à Loriol-sur-Drôme le 24 juin où je l'ai vu deux fois avec ma mère en 2000 et 2002.

J'aimerais mieux revoir Lara Fabian. Lara a quelque chose en plus que ces messieurs n'ont pas, du moins à mes yeux d'homme. Je regrette d'ailleurs que Lara n'ait pas été comédienne.

8 mai

On a échappé à François Fillon, qui voulait supprimer les 35 heures. Nous avons droit à Emmanuel Macron comme président.

Ses atouts se résument à sa jeunesse et sa volonté de bouleverser l'échiquier politique obsolète. Il n'a pas le talent oratoire de Jean-Luc Mélenchon, ni son programme.

En fait, c'est un saut dans l'inconnu que nous faisons avec Macron. J'entendais l'autre jour que François Baroin pourrait être son premier ministre, mais ce dernier dimanche soir n'avait pas de mots assez féroces à son égard.

J'ai regardé les débats dimanche soir sur France 2 et il ne lui faudra pas compter sur Nathalie Kosciusko-Morizet

(NKM) farouchement opposée à lui, alors que l'on pouvait penser qu'elle allait le rejoindre.

Bruno Lemaire est voué aux gémonies par François Baroin, mais ce Lemaire que représente-t-il ?

Pour réussir, Macron a besoin de figures de droite et de gauche, et il ne semble pas parti pour. François Fillon lui brille par son absence. Il est battu et bien battu au point de jouer les arlésiennes. Sans doute se cache-t-il ?

Mélenchon était présent avec Raquel Quarrido sur la Une et Alexis Corbière sur France 2.

Côté LR, de quel soutien bénéficie Macron ? Valérie Pécresse est aussi enragée contre lui que NKM.

Si Macron n'a comme soutiens que Ségolène Royal, Julien Dray, Jean-Marie Le Guen, Marielle de Sarnez, François Bayrou, Bruno Lemaire, Gérard Collomb, à sa place, je me ferai du souci. Ses soutiens sont tous socialistes tel Jean-Yves Le Driand, et je ne vois que Dominique Perben et Christian Estrosi à droite comme poids lourds pour l'aider.

Donc en fait, s'il se retrouve avec uniquement des socialistes, ou majoritairement des socialistes, le Parti Socialiste étant moribond, je ne donne pas cher de son quinquennat.

Pour ma part, je soutiens la France Insoumise, qui a défini comme programme « L'avenir en commun », et outre Mélenchon bénéficie de Charlotte Girard que je trouve brillante. Alexis Corbière par rapport à Mélenchon est bien trop mou.

Sur Facebook, on m'avait ajouté contre mon gré au groupe « L'Afrique, passé, présent et avenir ». Comme je n'aime pas que l'on me force la main, dans ces cas-là, je quitte le groupe. Mais en la matière, après l'avoir quitté, j'y suis retourné. Macron y est plébiscité.

Voici la présentation de ce groupe : L'Afrique ne doit-elle pas dépasser son statut de victime de tous les maux et devenir son principal acteur pour un meilleur avenir ? Quel est le genre de rapport que les africains doivent privilégier avec les autres peuples ? Doit-on continuer de nous (africains) se placer comme dominés historique ou comme amis, partenaires, adversaires ?

Sur le plan informatif, ce groupe est intéressant et vole plus haut que celui des « Insoumis » qui devrait s'appeler « Les enragés ». Je n'y interviens pas, ne voulant pas me prendre la tête avec des internautes.

Mon inquiétude est grande : Jean-Luc Mélenchon ira-t-il loin avec des lascars comme cela ?

Je ne décolère pas concernant Aiguèze, me demandant si je verrai un jour « Le mois le plus beau »

10 mai

Soulagement, ma voiture passe au contrôle technique. En revanche, il est relevé nombre d'anomalies qui ne nécessitent pas une contre visite, et le garagiste a chiffré cela pour 1015 euros. Je lui ai expliqué que je ne voulais pas investir autant dans une voiture si ancienne (2001). De ce fait, il a réduit les réparations à l'indispensable (cardans et plaquettes de frein) pour 500 euros.

11 mai

Je vais faire une rapide course au Carrefour Express, un tout petit supermarché de quartier, à Châteauvert. Il fait déjà nuit et la pluie ne va pas tarder à inonder la ville. Je pense être sur une place autorisée (en réalité, elle est devant un garage). Le temps d'acheter une boite de bonbons pour les collègues de bureau, ma voiture a été bloquée par une immense berline garée perpendiculairement au trottoir. Je me retrouve coincé.

Une femme attend sur le siège passager. Arrive un homme furieux, un fou. J'ai fait un appel de phares, il gesticule et hurle. Je baisse la vitre. « Vous n'avez pas le droit de vous garer là, j'ai fait exprès de vous coincer, je vais acheter des clopes, vous n'avez pas intérêt à heurter ma voiture sinon je vous emplâtre ».

L'homme est un costume cravate, environ 30 ans : « Maintenant, c'est comme ça qu'il faut parler aux gens ».

Je réussis à me dégager et à partir.

13 mai

L'Eurovision ce soir avec le comique calamiteux déguisé en gorille qui au festival de San Remo y a obtenu une victoire injustifiée. Que le temps passe vite, déjà un an que la chanteuse classée numéro deux du festival de San Remo 2016 qu'à l'époque je n'avais pas appréciée à sa juste valeur, Francesca Michielin, avec « Nessun grado di separazione », représentait l'Italie à ce concours.

Ma mère a des problèmes avec ses appareils auditifs. Cela ne facilite pas les échanges.

Une cyber-attaque mondiale a eu lieu mais je n'ai rien constaté d'anormal sur les sites que je fréquente.

16 mai

Je n'en pouvais plus, n'en ayant pas dormi. J'ai appelé Roland Vincent à 11h00 du matin.

Il m'a répondu qu'il avait confié la cassette à Charles B. afin de la faire transférer sur DVD.

Vais-je enfin avoir « Le mois le plus beau » avec ma chère Muriel à laquelle j'ai rêvé cette nuit, ce qui était bien plus agréable que la nuit précédente ?

Demain, je me rends dans ma petite famille, à Viviers.

Viviers et Pierrelatte, 17 mai

14e film vu avec mon petit-fils Lucas, un dessin animé allemand, « L'école des lapins », titre original « Die Häschenschule : Jagd nach dem goldenen Ei »

La musique était signée d'un inconnu pour moi. Alex Komlew. Nous avons dû aller à Pierrelatte, dans un petit cinéma local, car à Montélimar, il y avait encore « Baby Boss » (vu avec Lucas le 29 mars et toujours à l'affiche), et aucun autre film pour lui.

Ma fille pensait au film « Les gardiens de la galaxie 2 » mais il s'est avéré que ce n'est pas un film d'animation. C'est un film de science-fiction pour adulte.

Lucas était peut-être trop vieux pour la naïveté du dessin animé allemand, mais il a aimé. A mon avis, cela s'adressait à un public inférieur à son âge, qui sera de dix ans en novembre.

J'ai raté la sortie d'autoroute Montélimar Sud et dû aller jusqu'à Bollène opérant ainsi un demi-tour. Puis, le centre-ville de Châteauneuf du Rhône était bouché par des travaux et il m'a fallu transiter par Le Teil (soit un grand détour) pour arriver à bon port.

J'ai passé une excellente journée en famille, jouant avec mes petits fils, et j'ai pu discuter avec mon gendre qui était de repos, puis le soir avec ma fille avec laquelle j'ai dîné.

J'ai beaucoup pensé à Muriel aujourd'hui, sans doute à cause de mon voyage cet été sur les traces du tournage de « La Princesse du rail » à Brioude (ma fille m'a dit que toute l'année le temps y est glacial) et aussi la perspective d'avoir « Le mois le plus beau »

J'ai êu le temps malgré le détour par Bollène d'aller arranger les plantes sur la tombe de ma grand-mère qui étaient grillées par le soleil. Cela m'a rappelé ce qui se passe à Pantin sur la tombe de Muriel. J'ai jeté plusieurs coupes (deux ou trois), arraché un sapin brûlé dans un coupe où du buis vert était encore potable, en revanche en voulant nettoyer la tombe, j'ai arrosé ma pochette et eu grande peur pour mes doubles de clefs de contact que je viens de changer, craignant une détérioration Ma fille a tout fait sécher près d'une fenêtre ensoleillée, et tout est rentré dans l'ordre

Valence, 19 mai

David m'a téléphoné. Il a retrouvé une photo de Muriel à l'âge de 9 ans et va m'en faire une copie. Elle est en classe avec une institutrice, et d'après les fenêtres, il m'assure que ce portrait de classe a été pris en France. Il a bon espoir cette-fois que nous allons avoir gain de cause et obtenir le DVD du maire d'Aiguèze.

Je lui ai fait remarquer qu'il croyait au surnaturel mais pas à l'au-delà. Muriel a toute sa vie eu la poisse, et il estime que cela continue post mortem. Des souvenirs lui sont revenus : Muriel lui aurait raconté que dans « La princesse du rail », au début, il était question qu'elle s'allonge sur la voie, mais prise de panique, elle s'est levée et a accroché sa robe en mettant un pied dessus, se retrouvant en petite culotte. Il me dit que la robe était maintenue par un élastique.

21 mai

Une certaine angoisse m'étreint en ce printemps ensoleillé. Combien de temps Charles B. mettra-t-il s'il le fait pour m'envoyer le DVD de « Le mois le plus beau » ?

J'ai regardé hier soir « I comme Icare » avec ma mère en DVD, édition allemande. On ne le trouve plus en France. Il faut faire tout un tas de manipulations pour avoir la piste sonore française, et sans les sous-titres, puisque le menu du DVD est entièrement en allemand. Le film m'a paru avoir pris un sacré coup de vieux, c'est sans doute la dernière fois que je le regarde, bien qu'il soit un de mes films culte. Je regarderai sous peu « Mille milliards de dollars » qui fut le film suivant de Verneuil en 1982 et dans ma mémoire semble plus attractif.

23 mai

Le jour de l'attentat de Manchester disparaît Roger Moore.

Je ne m'y attendais pas et ne le savais pas malade de cette saloperie de cancer.

Après que j'ai appris la mort de Muriel Baptiste, aucune disparition d'artiste ne m'avait touchée, mais Roger fait exception.

Avec lui, ma jeunesse s'en va définitivement. Trop de peine pour écrire ce journal ce soir. Je m'étais offert l'intégrale du « Saint » en 2016 n'ayant jamais vu les épisodes en noir et blanc, et depuis je lis les 78 romans de Leslie Charteris qui ont inspiré « Le Saint », dont certains ont été fidèlement repris dans la série avec Roger.

Demain, je serai à Vénissieux pour la CGT.

Vénissieux, 24 mai

Réunion à la bourse du travail. Je m'y rends avec un administrateur de la CGT. Mais c'est la veille du pont de l'Ascension, ce qui fait que, la réunion terminée à 15h30, nous rentrons à 18h30.

J'ai revu René Thomas, ancien délégué syndical CGT de la MSA du Rhône. Nous étions très proches à une époque, mais le temps a passé. Nous évoquons une collègue, Georgette, que le cancer a fauchée en 2009. Georgette qui au printemps 1999 avait proposé de me fêter mes quarante ans. C'est la dernière fois que je l'ai vue, et la fête n'a jamais eu lieu. Un autre collègue, Pierrot, qui se bat en ce moment contre un cancer du côlon. Seulement, le temps et l'éloignement ont fait leur œuvre. René a 67 ans, Pierrot 71, et j'ai le sentiment que c'est la dernière fois que je vois René. D'abord parce qu'il n'est pas en forme, ensuite car je pense que la CGT ne va pas me garder longtemps. Et puis, trop de temps a passé, nous ne sommes plus complices comme avant.

Ce fut une journée pénible, plein d'agacements.

Ce soir, je regarde en DVD « L'homme au pistolet d'or », en hommage à Roger Moore. La télévision n'a pas daigné le faire.

Les années qui passent, pour les relations entre syndicalistes, c'est comme les films de Roger Moore, le temps en use le charme. Cela n'est plus comme avant.

Je réalise que les James Bond d'aujourd'hui, avec Daniel Craig, n'ont rien de cette légèreté de ceux de Roger Moore. Ce dernier s'amuse en jouant l'agent 007 que Craig prend terriblement au sérieux.

Comme le chante Louis Chédid « Tout passe, tout casse, tout lasse, tout s'efface » dans sa chanson « Les absents ont toujours tort ».

La seule exception, c'est Muriel Baptiste.

Valence, 25 mai

Voici maintenant un article d'Internet sur le site de « Première », par définition éphémère, et que je joins volontiers à ce *journal*. France 2 consacre un hommage à Roger Moore le dimanche à 23h30, autant ne rien faire que de diffuser un film la nuit, c'est « Dangereusement vôtre », son 7e et dernier James Bond.

Voici l'hommage à Roger Moore sur le site de « Première » :

Il est parti. Celui qu'on nommait, avec ses complices Sean Connery et Michael Caine, l'un des trois rois du cool. Roger Moore. Le Saint, Lord Brett Sinclair, le Bond des 70's et du début des 80's, l'épitome du *Rule Britannia* suave et décontracté, gentleman grand et élégant doté d'un sens de l'humour et de l'auto-parodie à toute épreuve est mort, emporté par un cancer foudroyant. Curieusement, ce matin même, juste avant que sa triste disparition soit annoncée, on avait glissé dans la platine le DVD original MGM de *Dangereusement vôtre* (1985), son ultime apparition dans le rôle de James Bond. Pourquoi ce DVD ? Pourquoi maintenant ? Parce que, trouvé hier dans un bac de films d'occasion, il contient le seul témoignage restant du mixage original de la version française Dolby Surround, (avant l'atroce remix 5.1 sur les DVD et Blu-ray subséquents), avec une copie du film sans les retouches digitales faites après (pré-générique recadré et tremblements de terre stabilisés par un employé vidéo idiot qui n'a même pas dû regarder le film une seule fois avant de le massacrer avec ses outils numériques).

ROGER MOORE EST DÉCÉDÉ À 89 ANS

Roger Moore qui disparaît, c'est au fond la même histoire que ce DVD. C'est la culture telle qu'on l'a toujours aimée, qui s'en va à petits feux. Moore était de la trempe de toutes les stars du 20ème siècle, les légendes du rock ou du cinéma ; celles qui avaient pour point commun d'être des personnalités différentes. Des personnalités uniques. Des stars, quoi. Moore, c'était une *vraie* star. Un mec authentique, qui balançait des ondes positives partout où il passait. Amateur de bons cigares, charmeur, doté d'un sens de l'humour à toute épreuve, il passait son temps à faire des conneries et détendre l'atmosphère. Et c'est cette aura, ce magnétisme qui transpirait à l'écran, qui avait fait son succès - il le reconnaissait lui-même, il n'avait qu'un talent compté d'acteur, se contentant de jouer éternellement des variations de lui-même. Pendant qu'il tournait *Le Saint* à une cadence infernale, il se prenait parfois à sauter d'un plateau à l'autre pendant les pauses, pour aller se planquer par exemple dans un placard sur les décors de *Chapeau melon et bottes de cuir*. Quand l'actrice principale (le plus souvent Linda Thorson, parce qu'apparemment Diana Rigg n'appréciait pas particulièrement ses plaisanteries) devait l'ouvrir pour une scène, Moore surgissait en criant "bouh !" à sa grande surprise, déclenchant l'hilarité générale (on ne compte plus les instantanés pris dans ces moments-là dans les archives de *Chapeau melon*). Pour se venger, les producteurs de la série lui avait subtilisé son texte anti-sèches, placé dans les tiroirs d'un décor du *Saint* qu'il devait fouiller pour une scène, et laissé à la place des mots grossiers type "Tu l'as dans le cul", "souris, tu es filmé", "arriveras-tu à finir la scène sans rire ?". Moore évidemment a craqué, à la grande fureur du réalisateur obligé de retourner la scène.

BARBARA BROCCOLI : "ROGER MOORE, C'ÉTAIT CARY GRANT"

Moore, c'était le gars qui était capable de marcher au milieu d'une bagarre hyper-tendue dans un pub, et en deux jeux de mots renverser la situation et faire ensuite trinquer les deux ennemis ensemble comme s'ils étaient des larrons en foire depuis leur adolescence. Une personnalité donc, que les producteurs des Bond avaient bien comprise, en commençant dès *L'Espion qui m'aimait* à lui tailler le rôle sur mesure. Comme des millions d'adolescents, c'est le premier Bond qu'on a vu au cinéma, incidemment en Angleterre. On se souviendra à jamais de la fin du pré-générique, la chute dans le vide, du haut d'une montagne, et l'attente, infinie, avant qu'il ne déploie son parachute... à l'effigie de l'Union Jack. La salle entière, jusque-là silencieuse comme dans un cimetière, s'est tout à coup dressée d'un coup en hurlant de joie et le pop-corn volait dans tous les sens, ainsi que quelques hot dogs. Voilà, Moore, c'était ça.

Un gars qui faisait du bien. Aux Anglais, aux fans. Au monde. Sa carrière allait du *Saint* à la série *Amicalement vôtre* en passant par des films comme *Bons baisers d'Athènes* de George P. Cosmatos, *La Seconde mort d'Harold Pelham* de Basil Dearden, *Gold* de Peter Hunt, *Les Oies sauvages* et *Le Commando de Sa Majesté* (tous deux d'Andrew V. McLaglen), et... James Bond, qu'il a littéralement sauvé dans les années 70 pour l'emmener dans les années 80, avec une succession difficile a porter. C'est déjà pas mal...

Son décès est d'autant plus troublant, qu'il n'existe plus d'acteur de cette trempe aujourd'hui, avec un tel capital sympathie immédiat, et qu'il arrive après le choquant attentat de Manchester. Cet attentat terrible qui a touché beaucoup d'enfants, que Moore justement défendait (il était depuis 1991 ambassadeur de l'UNICEF). On ne cherchera pas de message dans ce curieux concours de circonstances. On dira juste qu'au moment où Moore disparaît, on comprend que le 20ème siècle est définitivement en train de se barrer. Alors on pleure doublement et demain matin, on se replonge dans son Moore préféré - les commentaires audios qu'il a enregistrés pour ses Bond sont pas mal pour commencer. Et on prie pour que quelque part, il existe un petit gars de la même trempe qui s'apprête à monter, et qui fera autant de bien, à l'âme et physiquement, que Moore en a fait au monde en nous faisant rire et vibrer pendant toutes ses années. Parce qu'il y a un vide, là, qu'il va falloir combler. Alors un dernier *drink*, et un dernier cigare levé pour Sa Majesté. *Roger and out.*

28 mai

Hier, ma fille, mon gendre et mes petits enfants sont venus de Viviers souhaiter l'anniversaire à ma mère. Ma fille Claire a amené tout le repas. Ils sont repartis vers 17h00.

Par comparaison, le silence de cette fête des mères constitue un contraste important. Ce soir, à 23h30, France 2 diffuse « Dangereusement vôtre » en hommage à Roger Moore. Je mets le DVD cette après-midi.

J'ai rêvé de Muriel Baptiste cette nuit, et en étais apaisé à mon réveil. Obsédé par la recherche de « Le mois le plus beau », il ne faut pas que j'oublie pour autant de penser à elle.

Elle qui sera là quand plus rien ne sera.

31 mai

Hier 30 mai, j'ai reçu de David une photo de Muriel à l'âge de huit ans, en 1952. Honnêtement, sur cette photo de classe, je n'ai absolument pas reconnu la petite fille. Il s'agit d'une photo que Muriel a oubliée chez lui. Il l'a faite refaire par son fils.

Cette nuit, c'est de Mireille D. que j'ai rêvé. Je ne la vois plus guère.

Les gens qui me demandent si « ça va » attendent que je leur réponde oui. Ils sont agaçants, et devraient mieux, puisqu'ils ne veulent entendre que cette seule et unique réponse, s'abstenir.

Ainsi, Yves, un collègue de travail, qui après m'avoir demandé si ça allait a minimisé mes préoccupations financières en me disant qu'il avait parfois couché dans sa voiture. Il est évident que l'on peut toujours trouver pire.

Je dirai désormais toujours que ça va.

2 juin

J'ai rêvé de Muriel cette nuit, cela m'arrive plus souvent que par le passé.

3 juin

Hier, nous avons regardé en DVD « Mille milliards de dollars » d'Henri Verneuil. Le film est passionnant, même si parfois un peu trop bavard, et manquant de quelques scènes d'action. L'intrigue est complexe.

Continuant un hommage à Roger Moore, ma mère et moi allons regarder le film « La seconde mort d'Harold Pelham » de 1970, dans lequel il a pour partenaire Olga Georges-Picot. Ce film, passé inaperçu, a été tourné après « Le Saint » et « Amicalement vôtre ». Toutefois, il n'est pas sorti en salles en France. Il date de 1970. Il a été directement édité en vidéo, en 1981, l'année est importante puisque le regretté Claude Bertrand, disparu en 1986, était encore là pour assurer la voix française de Roger.

Malheureusement, le genre fantastique ne lui va pas. Ce fut pour lui une expérience sans lendemain. Le film est très embrouillé, avec un homme et son double. C'est donc une déception.

Roger a tourné au cinéma de mauvais films, par exemple « L'exécuteur », film policier italien fauché de 1975 surfant sur le succès de James Bond, ou la comédie « Le veinard » de 1974, je citerai aussi « Bons baisers d'Athènes » où il joue un officier SS, comédie d'aventures avec Telly Savalas et Stefanie Powers qui fait un strip-tease hélas inachevé. Ne parlons pas de l'infâme comédie avec Burt Reynolds, « L'équipée du Cannonball », que j'ai vu en salles à sa sortie où Roger parodie Sean Connery dans son Aston Martin des premiers 007.

Il a aussi fait trois films de guerre très durs : « Parole d'homme », où son enfant, un bébé, est massacré, « Les oies sauvages » avec Richard Burton, une histoire de mercenaires avec Richard Burton très violente, qui est un véritable bain de sang, et enfin « Le commando de Sa Majesté ».

Il est magnifique en mineur dans le film d'amour et d'action « Gold » de Peter Hunt en 1974, et bien sûr en Simon Templar, Lord Brett Sinclair et James Bond.

En 1969, après toute une décennie à tourner « Le Saint » sans faire autre chose, il tourna (juste avant « La seconde mort d'Harold Pelham ») un film d'aventures, « Double jeu ». Je n'ai jamais vu ce film, sorti en salles en France en 1971, mais jamais édité en VHS ou DVD. Est-ce à l'occasion de sa mort, mais je vois qu'une édition anglaise avec une piste française sort en DVD. Le prix est modique, je vais peut-être me laisser tenter.

Parce qu'il faut le dire, ce comédien a été gâché, lui faire perdre son temps dans une idiotie comme « L'équipée du Cannonball » est une honte.

4 juin

Hier soir, nous avons regardé le dernier film avec Lino Ventura, « La 7e cible ».

J'avais adoré ce film à sa sortie, en 1984, retournant plusieurs fois le voir, et finissant par m'en lasser un peu à trop abuser des rediffusions.

En 2014, j'ai acheté le DVD et je fus déçu : je me souvenais encore par cœur de l'histoire.

Mais hier soir, je l'ai davantage apprécié, d'autant plus que les bonus proposant les témoignages de Claude Pinoteau et Elizabeth Bourgine interrogés tour à tour par la fille de Lino Ventura éclairent le tournage d'un jour nouveau.

Ce qui est infiniment dommage, est le fait que le 20 octobre 1984, Lino devait commencer le tournage d'un autre film du même genre, « La jonque chinoise », de Claude-Bernard Aubert, avec aussi Mort Shuman. Lino débuta les prises de vue à Bangkok et Macao, mais des problèmes financiers interrompirent le tournage. Le comédien en fut très affecté. Mais en raison de cette date impérative, il n'avait pu retarder « La 7e cible ».

Deux ans plus tard, le film « La Jonque chinoise » allait reprendre quand Lino fut foudroyé par une crise cardiaque. Le film ne verra jamais le jour.

« La 7e cible » fut tournée dans des conditions mauvaises : Lino était très fatigué en raison d'une chute faite dans son appartement quelques jours avant de commencer le film. Il donne le change à l'écran, mais devait dominer sa douleur physique, ce qui fait paraître parfois l'acteur trop âgé pour le rôle. Pour plusieurs scènes, Claude Pinoteau, le réalisateur, dut le remplacer par une doublure.

La défection, trois jours avant, de Sophie Marceau (partie tourner « L'amour braque » de son amoureux Andrzej Zulawski, ce qui lui coûta un million de francs pour rupture de contrat) et son remplacement en catastrophe par Elizabeth Bourgine, ont rendu le tournage tendu et difficile. Sophie Marceau avait appris à tenir un violon et à en égrener quelques notes. Ce fut un pari impossible pour la malheureuse remplaçante. Pinoteau, qui se doutait d'une défection possible de Sophie Marceau, avait fait faire des essais à plusieurs comédiennes, dont Elizabeth qu'il appela en catastrophe. Elle dut apprendre son texte en trois jours, le pire week-end de sa vie.

Pour cette raison, Clélia, la fille de Lino trouve le film moins bon que les deux autres collaborations entre

Pinoteau et son père : « Le silencieux » et « La gifle », et avec émotion, se rappelle que c'est le dernier film de son père.

Elizabeth Bourgine, dans la vraie vie, venait de perdre son père, et était très intimidée par un Lino Ventura pas facile. Le tournage fut donc pour elle éprouvant.

Ce 4 juin 2017 commence par un nouvel attentat terroriste à Londres, tandis qu'un ciel gris tenace cache le soleil.

6 juin

J'ai appelé Charles B. qui ne me tenait pas au courant. Son ami a essayé de dupliquer la cassette à deux reprises et n'y est pas arrivé. Il l'a rendu à l'ancien maire. Il me dit de tenter d'obtenir la cassette auprès de lui pour faire réaliser le travail par un professionnel, mais Roland Vincent, l'ancien maire, ne répond pas au téléphone.

En tout cas, je pouvais attendre longtemps la réponse de Charles B. Je pense que je ne verrai jamais « Le mois le plus beau ».

Hier, j'ai continué mon hommage à Roger Moore en regardant le film de Peter Hunt « Gold ».

Aujourd'hui, formation syndicale assommante avec la CFDT et la CGT sur les lois Rebsamen et El Khomry. Avec les ordonnances qu'Emmanuel Macron veut faire passer, je me demande si ce n'est pas François Fillon qui a été élu.

Nous semblons perdre beaucoup, nous salariés, au niveau de nos droits.

8 juin

La doctoresse de ma mère est vraiment désagréable, renâclant à lui faire un bon de transport pour l'opticien alors qu'elle a consulté un opthtalmogiste.

La journée avait mal commencé, j'ai fait un cauchemar. Cela portait sur le fait que je réalisais qu'à 58 ans, j'étais vieux, ce qui évidemment était déformé par le rêve. 58 ans, c'était vieux dans les années 60, aujourd'hui avec la prolongation de l'espérance de vie, ce n'est plus le cas.

J'ai tenu ma réunion syndicale avec des rangs essaimés. Vivement que je me sauve de cette galère et de ce rôle de délégué syndical.

9 juin

J'ai fait un beau rêve. J'étais mort et j'avais enfin retrouvé Muriel Baptiste, qui avait le look de Marguerite de Bourgogne.

Lorsque le réveil m'a arraché à ce magnifique songe, j'étais de fort méchante humeur. Qui sait si Muriel, de là où elle est, n'est pas en train de me protéger ? En effet, j'ai reçu du maire d'Aiguèze la précieuse cassette du « Mois le plus beau » et ce soir l'ai confiée à un spécialiste qui va la copier sur DVD.

Le paradis où j'étais, et dont je garde un vif souvenir, était un endroit où le temps était arrêté, il ne s'écoulait pas. Que l'on n'imagine rien de scabreux : mon union avec l'âme de Muriel était toute spirituelle, l'amour pur, total, absolu, une sorte de fusion, de bien être que je n'ai pas ici-bas.

Je dois patienter une semaine pour savoir si je vais enfin voir « Le mois le plus beau », délai accéléré que le spécialiste a demandé. La dernière fois, pour copier une VHS d'un documentaire pied noir, « Là-bas Alger », il avait pris trois semaines. Rusé, je lui ai fait croire que je voulais changer ma télévision de 2004 et il m'a présenté sa télé haute définition dont le modèle le moins cher est à 500 euros. Enfin 499, comme d'habitude.

Patienter une semaine va être très long.

11 juin

Hier soir, j'ai réservé une place pour Lara Fabian dans le carré d'or, que je pourrais facilement revendre si je ne peux y aller.

Le concert a lieu le samedi 16 juin 2018 au Zénith à Paris.

J'ai beaucoup hésité, mais les occasions de voir Lara sont trop rares.

Premier tour des élections législatives ce jour, il n'y avait pas foule au bureau de vote.

Ma mère a voulu discuter avec moi hier soir ou ce matin très tôt jusqu'à 1h30.

Elle m'a parlé des difficultés de son existence, qui n'a pas toujours été bien rose.

Privas, 12 juin

Je me suis rendu à une réunion préparatoire du Comité d'Entreprise à Privas. Nous avons déjeuné au restaurant « La Boria » où il n'y avait pas mon entrée préférée, les œufs mollets.

Je tiens ce journal depuis 2015. En mars 2013, j'étais tombé amoureux fou d'une dénommée M. Je croyais que c'était réciproque et m'étais trompé. Je n'ai plus de nouvelles d'elle depuis. Je savais qu'elle allait tous les jours au kinésithérapeute, mais en ignorais la raison, M. étant considérée (mais cela ne se voyait pas) comme « salariée handicapée ». L'occasion qui faisait que l'on s'était connus n'existe plus. Elle était déléguée syndicale

UNSA et sa section syndicale a disparu en décembre 2013. Comme elle ne travaille pas à Valence, je n'ai aucune occasion de la voir. D'autre part, en 2013, elle m'a bloquée sur « Facebook ».

Or j'ai appris aujourd'hui qu'elle est absente depuis mars 2017, en arrêt maladie et doit subir, si j'ai bien compris, une intervention aux cervicales. Mais surtout que son handicap vient d'un accident de la route dont elle a réchappée et dans laquelle sa sœur a été tuée. Cela m'a fichu un coup. Je ne tombe amoureux que de gens aux destins tragiques (Muriel Baptiste...)

Valence, 14 juin

J'ai fait un cauchemar cette nuit au sujet de M.

L'affaire Grégory Villemin, datant d'octobre 1984, revient dans l'actualité partout (France Info à la radio, BFM-TV...)

Je suis obligé de me coucher tôt ce soir, demain nous partons à 7h45 pour un stage professionnel à Privas.

Privas, 15 juin

Il a fallu mettre le réveil à 6h00 pour être à 7h45 à mon bureau, afin de partir à une formation à Privas qui s'est révélée (mais je n'approfondirai pas) déplaisante. Je conduisais au retour et étant tellement énervé du retard pris par le maître de stage (alors que j'avais rendez- vous chez mon psy à 18h00) que j'ai embouti la barrière de péage de l'autoroute à Loriol. Nous avons le système automatique de prépaiement mais la barre ne s'est pas levée assez vite !

Demain, rebelote et j'en suis assez contrarié.

Pas de nouvelles de ma cassette du « Mois le plus beau », j'appellerai demain, on me l'a promis en transfert sur DVD en fin de semaine, et vendredi est la fin de semaine.

La vérité semble se faire jour dans l'affaire Grégory. Il y aurait eu plusieurs assassins.

Je trouve que cette affaire ressort opportunément pour éviter de parler des législatives et des candidats de notre président Macron.

Privas, 16 juin

Un des plus beaux jours de ma vie, malgré ce stage sur lequel je ne m'étendrai pas. Je peux enfin découvrir, à mon retour à Valence, « Le mois le plus beau », avec ma chère Muriel Baptiste.

L'image, pour une VHS enregistrée en 1984 à la télévision, est honorable. Gros avantage par rapport à tant de rôles de Muriel : le film est en couleurs. Autre chose : Muriel est présente du début à la fin du film, ce qui est loin d'être le cas de tant d'autres rôles d'elle comme « Les Risques du métier » ou « Les Rois maudits ».

C'est un émerveillement constant. Avoir ce film était inespéré. Il aura suffi d'une copie trouvée sur VHS pour que le miracle se produise.

Avoir vu ce film, le posséder, me fait passer sur des biens des petits tracas de la vie quotidienne.

J'ai déjà vu le film deux fois ce vendredi.

Cet enchantement va durer longtemps, car il n'y aura pas, malheureusement, d'autre graal à trouver : j'ai désormais l'intégrale des films de Muriel Baptiste, excepté 25 des 26 épisodes de sa toute première série de 1965 « Quelle famille », sans grand intérêt.

Avoir réussi à trouver « Le mois le plus beau » était pour moi plus difficile que de rencontrer une compagne. Je ressens désormais en moi une immense confiance.

Valence, 17 juin

Je me sens léger, léger, léger, et heureux. Avoir le film de Muriel est un bonheur sans fin.

J'ai réservé par « Booking » mon séjour à Brioude du 10 au 12 juillet sur les traces d'Annunciata.

Je poursuis mon hommage à Roger Moore en regardant son « Sherlock Holmes à New York » où il n'est pas crédible une seconde, mais qu'importe ! On voit Roger Moore et non Sherlock Holmes mais on s'en fiche. Le film date de 1976 et je me souviens avoir raté son premier passage télévisé en 1980 accompagnant un camarade de faculté pour voir en concert le chanteur Patrick Abrial. A l'époque, je n'avais pas comme la plupart des gens de magnétoscope !

Patrick Macnee de « Chapeau melon et bottes de cuir » joue le docteur Watson, rôle qu'il reprendra dans les années 90 avec Christopher Lee, l'homme au pistolet d'or, dans le rôle de Sherlock. Le monde est petit. Rappelons que Macnee aidait Roger Moore en James Bond dans « Dangereusement vôtre ».

Roger Moore me laisse un héritage filmé bien plus important que Muriel Baptiste, il est vrai qu'ils n'ont pas fait la même carrière.

18 juin

Agréable fête des pères avec ma fille, venue avec mes deux petits-fils. Malgré la chaleur étouffante, nous sommes sortis voir les canaux de Valence derrière chez moi où l'on trouve à profusion des canards.

Ma fille m'a offert le dernier CD de Francis Lalanne, en me le faisant expédier directement, mais il n'est pas arrivé à temps. Le plus beau cadeau était sa présence, qui n'était pas garantie puisque mon plus jeune petit-fils Lohan jusqu'ici était malade en voiture quand elle venait seule. Or mon gendre allait chez son père lui souhaiter sa fête.

J'ai joué avec mes petits-enfants, et l'ambiance était chaleureuse.

20 juin

Des phrases maladroites de David dans une lettre au sujet de Muriel m'ont froissé, je pense qu'il ne l'a évidemment pas fait intentionnellement.

Hier, avec ma mère, poursuivant un hommage à Roger Moore, nous avons regardé « Bons baisers d'Athènes » où Roger en officier SS, sans accent allemand, arrive à être plus sympathique que Telly Savalas, hargneux, en résistant grec. Il faut dire que Roger en SS fait du Roger Moore, et devient forcément sympathique.

Je me rappelais le strip tease inachevé de Stefanie Powers mais très peu du film qui réunit une distribution prestigieuse : Claudia Cardinale, David Niven, Telly Savalas, Roger Moore, Elliott Gould, et une vedette un peu oubliée, Richard Roundtree, le premier détective privé noir, Shaft, qui enquêtait le temps de trois films au cinéma dans les années 70, suivi par une courte série télé.

Le film est plaisant, sans plus, on a surtout travaillé les décors et la réalisation, mais le scénario laisse à désirer, même s'il n'y a pas de temps morts. Malgré deux scènes tragiques, l'exécution d'otages allemands, le ton est à la comédie.

21 juin

Ce matin, en sortant du bureau, je vais à la banque déposer un chèque. Depuis une panne de démarrage, j'ai en permanence sur moi les deux clefs de mon automobile. J'en oublie une sur le comptoir. J'ai pu la récupérer le soir avant la fermeture de l'agence, me procurant une belle frayeur.

23 juin

Hier, j'ai appris que le concert de Frédéric François de demain à Loriol est reporté. On peut se faire rembourser les places.
En fait, le chanteur est hospitalisé par suite d'une entorse. Mais j'avais hésité à prendre ma place et ce report me permet de revenir sur ma décision.

25 juin

Hier, je me suis décidé à m'abonner à un site de rencontres. Je préfère ne pas avoir de regrets plus tard.

J'ai eu long échange avec un correspondant au téléphone, qui m'appelle de la Dordogne. On parle de tout et de rien. J'ai trouvé curieux qu'il m'appelle à ce moment où j'étais censé partir écouter Frédéric François.

Quant à Roger Moore, hier soir nous avons regardé « L'exécuteur » (Gli esecutori), film italien qu'il a tourné juste après ses deux premiers « James Bond ». Il semble que tout le budget soit passé dans le cachet de Roger Moore, qui rappelle ici plus Lord Brett Sinclair que 007. Le film est violent pour le public de Roger, et il n'y a pour ainsi dire pas de scénario, que des scènes d'action à San Francisco et en Sicile, sur fond de Mafia.

Hier après-midi, un meilleur film, « Les loups de haute mer », dans lequel Roger Moore incarne un homme qui n'aime pas les femmes et seulement les chats, donc un contre-emploi total. Il y a l'excellent Anthony Perkins de « Psychose », il s'agit d'une prise d'otage sur une plateforme pétrolière. Cette après-midi, nous avons terminé avec « Le Commando de Sa Majesté », film de guerre où Roger partage la vedette avec David Niven et Gregory Peck. A part regarder maintenant ses « James Bond » à compter du troisième (« L'espion qui m'aimait »), on peut dire que j'ai fait le tour de sa carrière.

On pourra dire que j'ai fait un bel hommage à cet acteur de mon adolescence. Le 23 juin, j'ai même découvert le très rare « Double jeu » que je n'avais jamais vu. Dans ce film, il est évident qu'il a du mal à se démarquer de sept années à tourner « Le Saint ». Il y incarne un publicitaire. Un film qui évoque une époque révolue, celle des sixties et du « Swinging London ». L'intrigue est quelque peu embrouillée, et il faudra que je le revoie à l'occasion.

27 juin

J'ai rêvé de Muriel cette nuit, et franchement, j'étais mieux là où j'étais qu'une fois réveillé. Il fait 34 degrés cette après-midi. On nous raconte que la canicule a cessé.

30 juin

Meetic se révèle une grosse déception, les femmes lisent les messages et ne répondent pas. Les réponses sont éphémères.

J'ai encore rêvé de Muriel (à trois jours d'intervalle) : il était question d'un film inédit d'elle, « La double vie de Mademoiselle de la Faille », que dans la vraie vie, j'ai attendu de juillet 1972, lorsque Muriel l'annonçait dans une interview de Télé Poche, et février 1974, sa diffusion.

Le mois de juin se termine avec l'immense joie d'avoir trouvé enfin le film « Le Mois le plus beau », mais une certaine amertume due à Meetic.

1er juillet

Sur Meetic, une fille de Lyon, assez sympathique, a échangé avec moi plusieurs mails depuis que je me suis inscrit, et ce jour me demande mon téléphone portable.

Je me rends compte que mes journaux sont de sacrés aide-mémoires, ayant voulu aujourd'hui reconstituer tous les cadeaux offerts par ma fille ces dernières années lors des anniversaires et autres fêtes.

2 juillet

La fille de Lyon m'a téléphoné hier soir assez tard, alors que je venais de regarder sur la chaîne Melody un « Top à Michel Delpech » de mars 1974. Elle a été intrusive, tout cela pour me dire, au bout de 45 minutes, que la distance Lyon-Valence (100 kilomètres) la dissuade de donner suite à nos échanges ! Si j'ai d'autres adhérentes de « Meetic » au téléphone, je serai plus circonspect.

3 juillet

Qu'il me soit permis de recopier la lettre d'amour que j'ai publié hier sur mon blog Muriel Baptiste.

C'était en juillet 1972, je m'en souviens comme si c'était hier. Fugain chantait "Une belle histoire". J'allais avoir treize ans à la fin de l'été.

La télévision m'émerveillait, parmi d'autres passions, dont les cascadeurs, j'allais voir les spectacles que donnaient Gilles Legris, Jean Sunny et Maurice Bataille. Je collectionnais encore les petites voitures miniatures, et à la télévision, j'adorais "Les Envahisseurs", "Mannix" et "L'immortel", trois feuilletons qui venaient de battre les records d'audience cette année-là.

L'été arrive et avec lui un feuilleton quotidien du soir, "Les dernières volontés de Richard Lagrange", dans lequel je reconnais au début assez mal, en blonde, la petite gitane brune de "La Princesse du rail" qui est rediffusé chaque jour à 12h30.

Or, en 1967, âgé seulement de sept ans et demi, j'ai complètement craqué pour l'héroïne de ce feuilleton, Annunciata, que j'appelais, en raison de mon jeune âge, "La princesse du rail".

Tout à coup, en ce mois de juillet 72, j'ai changé : les petites voitures, les cascadeurs, les feuilletons d'action américains n'étaient plus ma préoccupation première. Je n'en avais que pour la fille qui jouait dans "La princesse du rail" et "Richard Lagrange".

J'ai mis un moment à comprendre que, sur mon petit nuage, j'étais amoureux. Elle s'appelait Muriel Baptiste, *actrice, mais à l'époque, et cela allait durer encore un peu de temps, je l'appelais "la princesse du rail".*

Je n'en parlais à personne : l'été, je ne voyais pas mon meilleur ami, Francis. C'était comme si l'air était soudain devenu plus léger. J'ai mis un court moment à comprendre que je tombais amoureux fou, une rechute puisqu'en 1967 déjà, "La princesse" avait fait sur moi un effet extraordinaire.

Et puis il y a eu cette couverture de Télé Poche, avec une interview, et d'un coup, j'en savais plus : tout d'abord, j'allais la revoir dans "Les rois maudits" et "La double vie de Mademoiselle de La faille", mais j'appris aussi qu'elle avait tourné dans "Les sultans" et "La cavale".

Quelques mois plus tôt, le samedi 11 septembre 1971, je l'avais revue dans "Maigret aux assises".

C'est sans doute très difficile à comprendre, mais ce que j'éprouvais dépassait l'attirance, l'amourette, c'était la passion.

Lorsque les deux feuilletons se terminèrent, je me mis à patienter, et il m'en fallu de la patience, cependant je ne pensais qu'à elle. Je ne devais la revoir que finalement le 21 décembre 1972 en Marguerite de Bourgogne.

Elle n'était plus alors la princesse du rail, ou Annunciata, mais celle dont j'avais gravé sur une chevalière (à l'intérieur) la première lettre de son prénom, M, car il s'agissait de Muriel Baptiste.

Je cherchais tout ce qui la concernait, mais personne ne la connaissait : pas d'interviews dans les journaux, pas de rediffusions de ses films et feuilletons, mais mon coeur battait très fort.

Ce mois-ci, je serai à Brioude, là où tout a commencé, là où elle incarnait le personnage d'Annunciata.

Muriel a réussi quelque chose d'extraordinaire : elle est pour moi un souvenir au présent.

Si en juillet 1972, je ne comprenais pas ce qui m'arrivait, aujourd'hui je peux dire, même si elle n'est plus là, "Muriel, je t'aime".

Je voudrais aussi parler de Lara Fabian. Si elle n'est pas comparable à Muriel dans ma vie, je suis devenu un véritable fan. Je trouve que cette chanteuse dégage une lumière extraordinaire. Elle ne triche pas avec le public, se donne à fond. Je l'ai vue deux fois en concert, et n'ai qu'une hâte : en voir un troisième.

A la différence de Muriel, pour laquelle j'ai une adoration inconditionnelle, je ne suis pas dupe : Lara, une fois le rideau baissé, ne doit pas être quelqu'un qu'il faille importuner. On le ressent quand on l'a vue de près sur scène comme à Voiron, cela se voit aussi à la télévision. C'est une artiste et une femme, et la femme se protège des excès des fans, chose pour laquelle je lui donne raison. Eh puis, Lara est plus jeune que moi, et je n'ai plus l'âge des illusions, de m'énamourer d'une artiste. Muriel a pris place dans mon enfance et mon adolescence, à bientôt 58 ans, on voit les artistes autrement.

Le lecteur aura sans doute passé un meilleur moment en lisant cette ode à deux artistes, que si j'avais relaté ma pénible journée de négociations annuelles obligatoires au bureau, qui m'a obligée à retarder mes vacances d'un jour. Litiges avec la directrice, avec la CFDT, tout cela n'a aucun intérêt.

Viviers, 5 juillet

Toute ma vie, j'aurais craint le dentiste. Je suis obligé de prendre un rendez-vous en raison d'une dent qui me fait mal. Les détartrages qu'il me fait sont douloureux, aussi n'étais-je pas retourné depuis le 29 octobre 2014. Avec l'informatique, aujourd'hui, impossible de berner ce dernier sur la date de la dernière consultation.

Je me suis rendu à Viviers, et j'ai vu avec mon petit fils « Moi, moche et méchant 3 », notre 15e film vu ensemble, sorte de suite des « Minions » vu le 9 juillet 2015. Je n'ai pas aimé le film. Mais Lucas en a été très heureux. J'ai à chaque fois le sentiment que c'est le dernier que nous voyons, il m'a fait de la peine en partant en me disant « A dans quelques semaines ». Ma fille ayant une réunion de parents d'élèves, une association où elle vice-présidente, j'ai dû reprendre la route en pleine chaleur, 29 degrés d'après l'indicateur de ma Clio.

Valence, 8 juillet

Quel mauvais voyageur je ferai ! Je n'avais pas gardé mon mail de réservation d'hôtel, ni noté le numéro d'assistance dépannage de mon véhicule avec la Société Générale, qui a repris mes assurances depuis le 29 juin.

La tour de Rochegude se trouve sur mon passage aller, il faut bifurquer à Fix Saint Geneys pour aller à Monistrol d'allier. Autrement, de Brioude, si je suis à côté de Lavaudieu où se trouve le cloître (l'Abbaye Saint-Agnès dans « La princesse du rail »), il me faut faire un aller-retour de 100 kilomètres.

Je vais tâcher de partir tôt lundi, afin d'aller à la tour avant de me rendre à Brioude où se trouve mon hôtel. Lantriac, je le crains, il faut y renoncer, Muriel Baptiste y a peu tourné, et cela se trouve à 74 kilomètres au sud (vers Le Puy en Velay).

Deux nuitées sont courtes pour un tel voyage, c'est vraiment s'obliger à aller à l'essentiel, soit deux points de chute. Je pense visiter l'abbaye de Lavaudieu mardi.

Brioude, 10 juillet

Me rendant à Brioude, je bifurque à Fix-Saint-Geneys, et prend la direction de Monistrol d'Allier. Arrivé dans le village, on me dit que le château de Rochegude n'est pas visible de ce côté de la montagne, et qu'il faut revenir sur mes pas.

Malheureusement, ma Clio de 2001 a mal supporté le voyage, les côtes, et elle avance à peine (sans doute un problème d'aiguille d'embrayage). Je verrai le château de la route et prendrai des photos. Mais je ne me sens pas avec la fatigue et la chaleur, la possibilité de m'en rapprocher avec l'automobile, de m'y rendre.

Brioude, 11 juillet

De mon hôtel, je veux me rendre à Lavaudieu, mais je rate une route sur la gauche (il est vrai sans panneau visible dans ce sens). Il me faudra revenir sur mes pas pour enfin trouver « l'abbaye Saint-Agnès » de « La Princesse du rail », qui n'est autre que le cloître de Lavaudieu). La guide connaît la série et me montre même un restaurant qui jadis était une maison qui servit au tournage. Je lui remets, après la visite, un lot de livres sur Muriel qu'elle accepte avec plaisir, car il reste des anciens qui ont participé au tournage.

Je n'ai curieusement rien ressenti dans cet endroit, les photos prises à l'intérieur (je n'ai pas mis le flash) n'ont pas fonctionné. L'escalier que Muriel arpentait dans cet endroit est désormais classé dangereux et inaccessible.

Cette visite me laisse (avec celle de la veille) une grande frustration. Tout d'abord en raison de la contrariété due à mon automobile endommagée (je suis dans l'ignorance si elle va « tenir » pour le trajet retour). Ensuite, jamais je n'ai ressenti la présence de Muriel comme cela est arrivé maintes fois par le passé dans d'autres endroits qui lui étaient familiers.

Une chose est sûre, je ne reviendrai pas, et ma seule satisfaction aura été de remettre un lot d'ouvrages importants aux habitants de Lavaudieu (La guide a été intéressée par la dédicace de Christian Marin pour « La reine foudroyée »). Si je n'ai porté que trois exemplaires de « La conversation impossible », j'ai une kyrielle de « La vie, quelle gifle », l'ouvrage le plus complet

Il y a déjà cinquante et un ans que Muriel se trouvait à Brioude pour le tournage. Trop de temps a passé. Ce qui est infiniment dommage est que cette histoire d'embrayage automobile m'a gâché la visite.

Valence, 13 juillet

51 ans après le tournage du feuilleton « La Princesse du rail », je me demande ce que je suis venu chercher, du 10 au 12 juillet 2017, à Brioude.

Muriel Baptiste, héroïne de la série, y a séjourné trois mois au printemps 1966, pour le tourner.

Mettre mes pas sur les siens tant de temps après à l'abbaye de Lavaudieu ne m'aura rien apporté. En plus d'un demi-siècle, certains lieux classés monuments historiques n'ont pas changé, ce qui n'est pas le cas du reste du décor que Muriel ne reconnaîtrait pas.

Je me suis ennuyé dans Brioude. Je n'ai pensé qu'à la comédienne, dont les années qui passent éloignent toute trace de son passage sur Terre.

Depuis des années, elle était redevenue Yvette, son prénom de naissance. Elle aurait eu 74 ans ce mardi 11 juillet 2017.

Après une carrière qui aura duré dix années, elle se terrait chez elle au 24 rue Jean-Baptiste Pigalle (de 1974 à 1982). Sans grandes ressources, elle ne mettait presque plus le nez dehors.

Lorsque j'évoque dix années de carrière, il faut tenir compte d'une année sans tourner, de 1968 à 1969, ou réfugiée dans une chambre de bonne, elle songeait à quitter le métier.

Dans les livres que j'ai écrit sur elle, j'ai fait quelques erreurs : sa traversée du désert 1968-69 que j'ai découverte grâce un magazine (évidemment « après coup »), et sa maladie que je situais en 1973. Ces lacunes d'information sont dues à l'oubli dans lequel est tombée

Muriel, à l'absence de témoins. Muriel n'a pas eu de cancer mais un problème hormonal qui a entraîné son hospitalisation à compter du 7 novembre 1979 à l'ancien hôpital Saint-Louis depuis disparu, la maladie se déclarant vraiment fin 1981 avec une prise de poids importante.

Je ne sais rien de ce que fut sa vie de 1982 à 1989, mais ne suis pas certain d'avoir envie de l'apprendre un jour. Sa situation financière catastrophique l'oblige à quitter le 24 rue Jean-Baptiste Pigalle. On retrouve sa trace en 1989 à son arrivée au 12 rue Pierre Budin, où elle est l'amie de Charles Delberghe (1919-2010).

En 1966, quand elle tourne « La Princesse du rail », elle pense alors que sa chance va durer. De nature optimiste, elle marche à côté de ses souliers, selon sa propre expression, employée lors d'une de ses rares interviews.

Brioude, cinquante et un ans plus tard, a totalement oublié Muriel. Comme Lyon où elle est née, comme Paris où deux personnes se rendent sur sa tombe.

18 juillet

Que peut-il y avoir de plus agréable que d'aller au dentiste en pensant avoir des caries et que le praticien, après une radio, vous rassure que vous n'ayez rien ? La peur du dentiste ancrée chez moi depuis l'enfance, je ne peux m'en défaire.

Je crains que Muriel Baptiste soit dans le néant et pas à me protéger dans un « ailleurs ». J'ai abîmé ma voiture et dois faire un crédit parce que j'ai voulu lui rendre hommage en allant sur les lieux de tournage de « La Princesse du rail ». Pour moi, cela démontre malheureusement qu'elle ne me protège pas du haut du ciel, comme le souhaitait l'acteur André Falcon.

19 juillet

Il faut savoir apprécier les bonnes nouvelles, et non les prendre comme allant de soi. Je n'aurais pas de douloureux soins dentaires, des prothèses mais un simple détartrage. J'ai trouvé le praticien très cordial et humain, comprenant mon appréhension. Chose qui devient rare. La démission d'un général fait l'actualité, on l'aura oublié dans six mois.

Une fille qui me plaisait sur Meetic me dit que je fais bien plus que mes 57 ans. Je l'ai remercié de sa délicatesse et blacklistée, en lui disant que je ne trichais pas sur mon âge.

21 juillet

Claude Rich est mort, d'un cancer, comme tout le monde. Arrivera un jour où il faudra préciser lorsque quelqu'un ne meurt pas d'un cancer.

Cette nuit, j'ai rêvé du chanteur italien Alan Sorrenti qui était mon musicien préféré après que j'ai découvert son œuvre lors d'un voyage à Rome en 1980, et le serait toujours si sa carrière n'avait pas été interrompue par un scandale, une histoire drogue qui le conduisit 33 jours en prison. A mon réveil, j'ai regardé sur la version italienne de Wikipédia, sa carrière est toujours au point mort.

Il a composé la plus belle chanson de Laura Branigan, « May be I love you », qu'il a reprise en italien sous le titre « Angeli di strada » avec un texte différent. Alan est né en 1950 et il y a peu de chances que sa carrière redémarre, même s'il travaille toujours dans le domaine de la musique. En 1980, il était en haut de l'affiche en Italie. Il en est vite retombé.

Je parie que les jeunes italiens ne savent pas qui c'est.

22 juillet

J'ai cherché dans mon *journal*, c'est dans la nuit du 11 au 12 janvier que j'ai fait un mémorable rêve de Muriel. Il faudrait qu'il en arrive un autre de cette trempe. Cela m'avait procuré un bien être extraordinaire.

Montélimar et Viviers, 24 juillet

M'étant rendu chercher des souvenirs pour ma mère à son domicile, j'ai été invité à manger par ma fille, seule avec mon deuxième petit fils Lohan. C'était agréable, mais la Clio a encore fait des siennes avec un bruit de moteur qui serait dû, d'après le garage Renault contacté par téléphone, à du jeu dans le support moteur. Vivement que je puisse mettre cette voiture à la casse !

Valence, 25 juillet

Nous avons passé une agréable journée, Claire est venue est à soufflé ses bougies de 30e anniversaire… sur un morceau de pizza. Mon petit-fils Lohan est allergique au lait de vache. Nous ne pouvons plus faire de gâteau, et en venant à l'improviste, je n'ai pas eu le temps de faire des courses, d'où une livraison de pizzas.

26 juillet

A sept ans, je suis tombé amoureux d'une actrice de télévision dont la carrière a volé en éclats en 1974. Au lieu de briser cette passion, l'absence l'a prolongée pendant cinquante ans, même au-delà de la mort. Mais en découvrant la femme derrière la comédienne, cet amour a commencé à s'écorner. Pendant des années, je n'avais que de vagues réponses de gens l'ayant rencontrée ou ayant travaillé avec elle. A l'automne 2015, sans le vouloir, j'ai connu sa vie privée. Certaines choses m'ont déconcerté. Cette année, j'ai voulu me rendre sur les lieux d'un tournage et le sort (des problèmes mécaniques) a gâché ce « pèlerinage ». Je ressens aujourd'hui un immense vide car j'ai l'impression pendant cinquante ans d'avoir aimé quelqu'un qui n'existe pas.

28 juillet

Quand les choses semblent aller mal, rien ne sert de se plaindre. Il faut attendre qu'après la pluie vienne le beau temps. Je pense que tôt ou tard, ma passion pour Muriel Baptiste va renaître. C'est sans doute l'incident mécanique de la Clio lors du voyage à Brioude qui a pris une importance démesurée. Dire qu'en me rendant à Privas comme c'est souvent le cas pour mon travail, je traverse des décors tout à fait semblables à l'Auvergne. C'était une fausse bonne idée car rien ne se ressemblent davantage que deux paysages de montagne du Massif central.

Ce qui est regrettable, c'est qu'elle ne vienne plus hanter mes rêves. Lorsque je me réveille, en général le matin à six heures, je suis mal à l'aise avec la réalité, avec la vraie vie.

31 juillet

Je donnerai tout pour faire un rêve de Muriel, mais rien à faire, cela n'arrive pas. J'en suis vraiment désolé. Les rêves ne surviennent pas sur commande. Je sais que cela me ferait le plus grand bien, mais je dois faire avec.

La mort de Jeanne Moreau occupe tous les journaux télévisés. Je ne me suis jamais intéressé à sa carrière. Je n'ai pas compris qu'elle joue Mahaut dans le remake des

« Rois maudits », étant bien trop âgée alors pour le rôle. Les journalistes me déconcertent, ils interrogent Bertrand Blier (sans doute faute de trouver quelqu'un d'autre) qui la connaissait à peine pour l'avoir dirigée dans « Les valseuses ».

Elle est morte comme Muriel, on l'a trouvée sans vie chez elle.

J'ai envie de vite oublier ce mois de juillet 2017 et cette escapade en Auvergne. Je me demande franchement ce que me réserve l'avenir.

2 août

Certaines personnes qui m'ont connu, il y a longtemps, ne m'entendaient pas parler de Muriel Baptiste, et pour cause : illustre inconnue pour eux, elle n'intéressait personne.

J'avais trouvé une sorte de substitut de Muriel qui n'a pas duré avec Diana Rigg (de 1976 à 1979), puis Gigliola Cinquetti (de 1979 à 1984). La signora Cinquetti m'avait raccroché au nez au téléphone en mai 2001. « Pronto, Gigliola ? ». Elle me répondit « Chi parla ? », et dès que j'eus décliné mon identité, elle raccrocha en disant « No, Gigliola non c'è »

En 1979, il était aisé de joindre Gigliola, retirée du métier. Son numéro était dans l'annuaire sous le nom de son ancien propriétaire, Herbert William Belmore. Diana et Gigliola ne sont que des ersatz qui jamais ne remplaceront Muriel, l'unique, la seule. C'est tragique car j'ai trouvé où habitait Gigliola et pas Muriel.

Plus élégante, Diana Rigg m'envoya deux photos dédicacées personnalisées.

Il faisait aujourd'hui 42 degrés lorsque j'ai récupéré ma voiture. On ne parle que d'un footballeur brésilien,

Neymar, que le PSG intègre dans son équipe pour une somme fabuleuse. Jeanne Moreau est morte d'un cancer, ce qui n'avait pas été dit. On ne peut plus mourir de vieillesse, désormais on ne finira pas mourir que d'une seule cause, le cancer. A 89 ans, cependant, la tristesse est moindre que lorsque cette saleté de maladie emporte quelqu'un de jeune.

C'est la canicule, semblable à l'été 2003. Je veille à bien m'hydrater, ainsi que ma mère. Ce matin au bureau, j'ai bu un litre d'eau.

4 août

J'ai rêvé que j'étais Lino Ventura ou son clone, mais pas à son époque, celle-ci demeurant indéterminée mais plus proche des années 2010 que des années 1980.

Je jouais sous la direction d'un jeune metteur en scène (fictif), Jean Luc Septembre, dont c'était le premier film. A défaut de rêve de Muriel, ce songe était intéressant, au point que j'ai eu du mal à m'en défaire au réveil. En revanche, en raison de la canicule j'ai peiné à m'endormir, usant d'un atomiseur d'eau de source. Je suais dans le dos et sur le ventre.

5 août

Toujours la canicule étouffante. Elle empêche de s'endormir. Je pense à Muriel, et il me semble que l'incident de Brioude a bien des conséquences fâcheuses : je devais écrire « Muriel Baptiste, ma princesse du rail », je ne le pourrai pas. Il n'était pas certain qu'en visitant Rochegude et Lavaudieu, j'ai assez de matière pour un livre, mais avec Lavaudieu seule, c'est raté. Sur ma page Facebook, j'avais annoncé cette parution, j'ai revu cette mention hier avec regret.

Ce qui m'inquiète, c'est de ne plus rêver d'elle. Cette nuit, une femme qui cachait ses yeux avec un loup de carnaval, un masque tout en pierres précieuses et en joyau, me dominait et me fouettait. J'ai compris qui était cette femme (une collègue de travail, C...). Avant, je faisais de beaux rêves de Muriel, que j'ai souvent évoqués dans ce *journal*. Maintenant, je rêve que je suis Lino Ventura, d'un chanteur oublié depuis longtemps (Alan Sorrenti) ou d'une femme avec un masque sur les yeux qui me torture.

Ce n'est quand même pas la faute d'une femme morte depuis 22 ans si l'embrayage de mon automobile a lâché.

7 août

Hier soir, le blog Muriel Baptiste n'était plus en ligne, bien que j'ai payé la cotisation annuelle. La société qui le gère n'a pas de téléphone, et il m'a fallu plusieurs mails pour récupérer le site et la possibilité de le gérer. Tout cela me prouve qu'Internet est éphémère et qu'un jour ne resteront, sur Muriel, que mes livres, même s'ils sont vendus en très peu d'exemplaires.

Pour les gens, le blog représente la facilité, il est gratuit, interactif, mais pas éternel. Les livres ont le handicap de ne pas être disponibles dans les rayons des libraires, mais uniquement sur commande par Internet (sauf à la FNAC où l'on peut les commander en se rendant dans un de leurs magasins).

On ne pourra pas dire que je n'ai pas tout fait pour Muriel Baptiste.

11 août

On ne se souvient pas toujours des rêves, mais je suis sûr que j'ai rêvé de Muriel cette nuit. J'ai ressenti un bien être toute la journée, comme si quelqu'un me protégeait, était avec moi. Depuis quelques jours, je me suis remis à mon blog, et y mets entre deux articles des poèmes célèbres. J'espère que c'est bien elle cette-fois, et que cette histoire de Brioude qui m'a éloigné d'elle s'est enfin dissipée.

Hier, une collègue de travail (jeune) a eu un malaise en fin d'après-midi et le SAMU est venu la chercher. Je n'ai eu que de vagues nouvelles aujourd'hui, elle est venue récupérer sa voiture mais est en arrêt maladie. Une histoire de calcul rénal. Moi qui me crois toujours malade, pour l'instant, je passe à travers les gouttes de la pluie.

C'est la Sainte Claire, ma fille. Hier, j'ai envoyé une carte bien qu'elle soit en vacances dans un endroit perdu. Je lui ai fait un texto aujourd'hui, et nous avons échangé quelques mots.

13 août

Avec 43 ans de retard, je vois la fin d'un feuilleton qui avait commencé le 20 juin 1974, « Valérie », et qui comporte quarante épisodes. Seulement, nous sommes partis en vacances à Bagnoles-de-L'orne le 23 juillet, et je n'ai jamais vu la suite.

Ayant eu une accréditation sur le site de l'INA, je vois donc ce feuilleton jamais rediffusé. Cela me fait une impression bizarre, car j'en avais gardé un meilleur souvenir. Certes, je me suis rappelé la vingtaine d'épisodes vus en 74, mais ensuite, le feuilleton devient décevant, comme si les scénaristes ne savaient plus quoi imaginer.

Sylvie Milhaud, la vedette de cette série, n'a pas fait carrière. Un rôle au cinéma en 1975, du théâtre, puis l'on perd sa trace. Le rôle n'aurait pas convenu à Muriel Baptiste qui aurait eu l'impression de « revenir en arrière » car c'est le même schéma que « Les dernières volontés de Richard Lagrange », un feuilleton sentimental.

Ce dont je ne me rappelais pas, c'est que l'histoire commence en 1964 pour se dérouler sur plusieurs années.

Guy Chapelier, qui incarne dans les premiers épisodes le mari de Valérie, est la voix française de Scott Bakula, mais avec la tonalité 1974, on ne la reconnaît pas du tout.

Déjà âgée en 1974 (et encore cela a dû être tourné en 72 ou en 73), Gisèle Casadesus est toujours parmi nous. Elle a 103 ans.

Sylvie Milhaud méritait-elle de faire carrière ? Elle ne joue pas si bien que dans mon souvenir. Elle fit la couverture de Télé Poche. J'avais oublié que le père de Valérie est interprété par Georges Staquet, qui dans « Les Rois maudits », en valet de Robert d'Artois, étrangle Muriel, enfin Marguerite de Bourgogne.

En fait, le feuilleton est beaucoup trop long : quarante épisodes, on ne peut tenir une bonne histoire à un tel rythme. Enfin, si l'on m'avait dit que 43 ans plus tard, je verrai la suite d'un feuilleton commencé en pleine adolescence à même pas quinze ans, je ne l'aurais pas cru.

Je comprends pourquoi il est dit que l'histoire commence en 1964, cela permet de faire vivre toute une vie à Valérie, de voir grandir son fils. Mais c'est fait au détriment de toute crédibilité, puisque le premier épisode de toute évidence nous montre des véhicules et des lieux datant des années 70. De plus, les acteurs ne vieillissent pas, aucun maquillage en ce sens. Au 31e épisode, on rejoint l'année 1974, en apprenant que le fils de Valérie, Laurent, a neuf ans. 40 épisodes de 12 minutes, cela représente grosso modo huit heures de film.

J'apprécie nettement plus, sur le site de l'INA, la collection de Claude Chabrol « Histoires Insolites » qui a moins vieilli que « Valérie ».

16 août

Sur le site de l'INA, j'ai voulu vérifier si Muriel Baptiste jouait ou non dans le feuilleton « Tang » avec Xavier Gélin, dans un épisode, une fille qui lui ressemble apparaît. Hélas, ce n'est qu'une figurante pas créditée au générique et qui se limite à un bref passage.

« Tang », qui date de 1971, ne pourrait plus être diffusé aujourd'hui, on accuserait ce « péril jaune » de racisme, de stigmatisation des asiatiques.

D'ailleurs, Valéry Inkijinoff il me semble joue fort mal, et l'ensemble a mal vieilli.

18 août

Lendemain d'un attentat à Barcelone que des crétins d'extrême-gauche justifient sur Facebook par la politique Atlantiste de l'Occident.

On peut dire tout et n'importe quoi sur ce réseau social. Certains exhument des vidéos censurées de Coluche qui déclare que l'attentat de la gare de Bologne en 1980 est l'œuvre des services secrets italiens.

J'ai discuté avec une collègue de travail musulmane en cette fin d'après-midi, O... Elle croit en Dieu, elle ne sait pas sa chance, lorsque l'on a la foi, on a des certitudes, comme celle de retrouver après la vie Muriel Baptiste.

C'est un peu comme au Parti Communiste Français de la grande époque où l'on ne doutait de rien. Il est bien plus difficile de vivre avec des incertitudes. Chose que je constate depuis plusieurs mois.

A l'occasion, il faut que je demande à O... ce qu'elle pense des attentats islamistes, mais avec délicatesse.

19 août

J'ai une impression désagréable : celle de ne plus aimer Muriel, et ce depuis les récits au téléphone de David, personne dont je suis jaloux. Cela m'effraie, car cette passion a duré toute ma vie. Mais il y a aussi des conséquences comme la peur de la mort qui revient. Ou peut-être la peur de la souffrance, de la maladie, de la décadence physique.

En dehors de rêves, Muriel n'a plus manifesté, de là où elle est, le moindre « soutien » lorsque je ne me sentais pas bien. Et cela depuis très longtemps.

Je me suis toujours demandé si je ne m'étais pas « imaginé » ces fameux signes, ce réconfort, cette chaleur, cette confiance. Si ce n'était pas de l'autosuggestion.

Ma mère m'a fait remarquer que je ne regardais plus « Le Mois le plus beau » après l'avoir tant cherché, et j'ai pu constater que tout le mois de juillet, je ne l'ai pas regardé une seule fois, vexé par l'incident de Brioude.

Lorsque j'écrivais le 11 août que le problème semblait résolu, je faisais preuve de trop d'optimisme. Il me faut maintenant attendre et voir comment les choses évoluent. Peut-être suis-je sous le coup d'un moment de déprime ou de surmenage ? Ou sous l'emprise de la panique ?

Je continue d'alimenter le blog de Muriel, mais ce sont des copier-coller d'anciens articles. Que raconter de nouveau sur elle à présent ?

J'ai toujours été pessimiste. Peut-être les choses vont-elles s'arranger ? Je me le souhaite.
22 août

Les jours passent et ce *journal* semble peu inspiré, car il ne se passe pas grand-chose. Je pense à Muriel. David ne se manifeste pas, mais j'appréhende qu'il le fasse. Dimanche, j'ai réécrit des articles anciens pour le blog de ma chère Muriel, comme je n'ai pas le temps de le faire dans la semaine. J'ai actualisé des articles qui auraient trahi l'aspect copier-coller, par exemple lorsque je parle du 69e anniversaire alors que nous en sommes au 74e.

Je crois que j'aime toujours Muriel, mais que cette passion s'est mise un peu en sommeil. Mais une petite flamme au bout du tunnel me dit que rien n'est perdu et que tout va redevenir comme avant David.

Numéricable (ex France Télécom câble) semble complètement dévorée par SFR, ce qui me concerne pour la téléphonie et la télévision. Ce 22 août, SFR devait changer la numérotation des chaînes. Mais je n'ai rien remarqué à part une nouvelle chaîne, « Altice Studio », cela dit, la télévision d'aujourd'hui ne me passionne guère, moi qui me régale à regarder sur l'INA de vieux téléfilms comme les « Histoires Insolites » de Claude Chabrol, chose qui m'a incité à relire le soir (en alternance avec « Le Saint » de Leslie Charteris « La Grande Anthologie du Fantastique », série de recueils d'angoisse. J'ai commencé par relire « Histoires de fantômes ».

Il y a un doux fantôme dont j'aimerai tant qu'il revienne me hanter, celui de la belle princesse du rail, de la reine de Bourgogne. Patience !

23 août

Après George Michael, Charlélie Couture a remis ça hier sur « Facebook », en guise d'éloge funèbre, assassiner un mort, en l'occurrence Jerry Lewis. Cela devient une manie.

Certes comme tout un chacun, je m'étais amusé jadis, quand j'étais ado, de ses pitreries branquignoles et clowneries grotesques, (celles qui ont inspiré tant d'autres comédiens dégingandés...), mais il y a belles lurettes qu'il ne me faisait plus rire... Derrière un masque facial extrêmement souple qui lui permettait de faire des grimaces superlatives, Jerry Lewis avait depuis longtemps la réputation d'être fermé voire méchant, imbu de sa personne, avare et cassant malgré les quelques galas de charité qu'il avait faits comme pour se donner une conscience mais les anecdotes sont nombreuses qui parlent de lui comme d'un personnage très désagréable hors antenne, et notamment avec le personnel infirmier chargé de l'assister des années. Bien sûr qu'il y a des choses qu'il vaut mieux ignorer pour apprécier le talent de certains... Nonobstant les commentaires publics qu'il fit à l'égard des réfugiés qui manquaient pour le moins d'humanisme, J. L. était un fervent supporter de Donald Trump, quoi qu'on en dise, ça non plus, ça n'avait rien de drôle. C.

En dehors de cela, pas de nouvelles de David, ce qui tombe bien, je n'en attends pas. Je me rends compte que de toute la journée, je n'ai pas pensé à Muriel.

26 août

J'ai terminé sans doute mon dernier dossier pour « Le monde des Avengers » : la chronique de la saison 3 de « NCIS Nouvelle Orléans » avec Scott Bakula. J'ai fait l'un de mes rares achats avec le coffret américain, mais s'il y a des sous-titres en anglais, il n'y a pas la voix française de Scott Bakula : Guy Chappelier.

En octobre, sort la saison 2 en France en VF, chez un nouvel éditeur, je l'achèterai car je ne l'ai pour l'instant que sur mon DVD recorder coupé par des montagnes de publicité. Mais je gage qu'il me faudra un an pour avoir la saison 3 en français. Quelle plaie ces délais. La plupart des autres séries, à peine diffusées, sont éditées deux ou trois mois après en DVD. Il faut dire que « Nouvelle Orléans » ne fait pas d'audience.

Avant, il était très simple d'enregistrer sur une cassette VHS le programme que l'on voulait, désormais le CSA a censuré nombre de chaînes empêchant les enregistrements sur disque dur, ou le transfert sur DVD vierges, une technologie appelée à disparaître.

Si la série continue, elle sortira peut-être en clé USB.

Scott Bakula depuis la disparition de Roger Moore est mon acteur vivant préféré. Il reste l'homme d'un rôle, celui du savant Sam Beckett, voyageur temporel dans

« Code Quantum ». Comme Roger Moore, d'un rôle à l'autre, il détourne ses personnages pour faire du Bakula. Moore était peu fidèle au héros des romans de Ian Fleming l'agent secret James Bond, et Lord Brett Sinclair dans « Amicalement vôtre » fut conçu pour lui sur mesures. Dans un sondage sur le meilleur interprète de James Bond, quelqu'un avait écrit avec ironie : « Roger Moore est le meilleur dans le rôle de Roger Moore ». Bakula, c'est pareil. D'un rôle à l'autre, il fait toujours son magnifique numéro.

J'ai ce soir des problèmes pour enregistrer les trois derniers épisodes de la saison 3, mais un vendeur de télévision m'a dit qu'arrivera un jour où l'on n'aura plus la possibilité d'enregistrer sur un dvd recorder. J'ignore si c'est vrai.

27 août

Ce matin sur Internet, il est indiqué que si « NCIS Nouvelle Orléans » continue, cela pourrait être sans Scott Bakula. Auquel cas ce serait sans moi aussi, mais je me méfie, l'information n'est confirmée sur aucun site américain, elle provient de celui de « Télé Star ». Sur Internet, on raconte tout et n'importe quoi : on avait raconté que Zoe McLellan avait quitté le personnage de Meredith Brody par mésentente artistique avec Bakula, à présent la comédienne rétablit la vérité, elle était en plein divorce et dans une ambiance tendue. Son ex-mari ayant obtenu qu'elle ne puisse emmener son fils sur les lieux du tournage, à la Nouvelle-Orléans, elle a préféré renoncer à la série. Mais aujourd'hui, elle tourne un feuilleton au Canada et le même problème lui arrive avec la garde de son fils.

Cependant, la troisième saison de « NCIS Nouvelle Orléans », par rapport aux deux premières, était nettement moins réussie. Les 24 épisodes de cette suite n'étaient pas à la hauteur de ce qui précédait. C'est finalement peut-être une bonne chose si « Bak » comme on appelle Scott Bakula outre-Atlantique s'en va. J'ai 96 épisodes de « Code Quantum », 98 de « Enterprise » série préquelle de « Star Trek », 71 de « NCIS », de quoi le voir et le revoir autant que Roger Moore.

Privas, 29 août

En me rendant à Privas avec deux collègues, je n'ai pas voulu regarder les hauteurs. Elles me rappellent trop celles de « La Princesse du rail ». Je ne veux plus penser à cet été lamentable à Brioude. Intentionnellement, je me suis concentré sur mon téléphone portable.

Mireille Darc est morte hier, et cela m'a fait bien plus de peine que Jeanne Moreau dont le départ m'a laissé indifférent. Mais pas autant que Roger Moore qui reste pour moi le disparu de l'année, malgré ses 89 printemps. Le repas avec le Comité d'Entreprise au restaurant « La Boria » ne m'a pas enchanté comme les autres, les œufs mollets étant assortis de champignons, que je n'aime pas.

Demain, j'ai rendez-vous chez le dentiste, chez lequel je ne me suis plus rendu depuis 2014. Cette peur du dentiste est une phobie dont depuis l'enfance je ne me serai durant une vie entière jamais débarrassée.

Publibook m'envoie les corrections de mon *Journal 2014* qu'il faut que je vérifie avant de donner le bon à tirer, ce sera un travail long et fastidieux, il y a 277 pages. Quant à mon blog Muriel Baptiste, il va être enrichi par de nouveaux articles car j'ai trouvé à bas prix des « Télé Poche » de septembre octobre 1972.

Mireille Darc est morte, mais je repense à Juliet Berto, que j'ai revue dans un épisode de la série « Histoires Insolites » : « Parcelle Brillante ». Elle nous a quittés trop tôt, c'est bien injuste. Dire que si l'on n'avait pas coupé les scènes de Muriel au montage, j'aurais un film, « La Cavale », de Michel Mitrani, avec Juliet et Muriel.

Valence, 30 août

Depuis l'enfance, la peur du dentiste ne s'est jamais dissipée. Un détartrage fait mal. Je pensais en avoir pour deux fois, mais le dentiste m'a annoncé vouloir me refaire des couronnes. Il m'en reparlera. En revanche, son assistante n'est pas très douée. Elle ne me donne pas de protection et en crachant le gobelet de sang, j'ai tâché mon jean.

Le dentiste lui-même est un homme jovial, agréable, en me faisant asseoir sur son fauteuil, il a dit avec humour, « Alors, qu'est-ce qu'on arrache ? ». Je n'ai pas répondu. Il est nettement plus sympathique que celui chez qui j'allais précédemment qui ne décrochait pas un mot, sauf pour hurler « Ouvrez ! » (La bouche évidemment).

Je me rends compte que je n'ai pas parlé de la mort de Jean-Claude Bouillon, le commissaire Valentin des « Brigades du tigre » le 31 juillet. Il faut dire que mourir le même jour que Jeanne Moreau l'a relégué aux oubliettes. En dehors des « Brigades », je l'ai vu dans la série « Alexandre Bis », programmée l'été 1974, et dans « Sous le soleil » dans les années 2000, ce dernier rôle étant selon moi « alimentaire ». Plus vaguement, je me souviens du film « Un aller simple » de José Giovanni vu à la télévision naguère, où il chante « Dans un linceul, y'a pas de poches », ce qui me fait confondre ce film avec celui de Jean-Pierre Mocky, que je n'ai pas vu : « Un Linceul n'a pas de poches ».

1er septembre

En cette rentrée 2017, je pense à la rentrée 1972. Au bureau, départ émouvant d'une collègue, Perrine D., qui a démissionné.

Voici ce que j'écris aujourd'hui sur le blog de Muriel.

J'ai pu avec un coup de chance trouver quelques Télé Poche et Télé 7 jours de septembre octobre novembre 1972. A cette époque-là, je n'achetais que Télé Poche, aussi aura-t-on peut être une surprise concernant Muriel dans les Télé 7 jours que n'ai jamais eu entre les mains.

En télé 7 jours, cela inclut les numéros 645 (couverture Jacqueline Alexandre), 646 (Anne-Marie Godard) et 654 (Claude Jade). En télé poche, je vais retrouver le 342 (Pierre Santini), 343 (Jacqueline Baudrier), 346 (Joe Dassin), et j'ai déjà reçu le 347 (Louis Velle). J'ai les autres de cette époque sauf le 345 semble-t-il introuvable car très recherché en raison de la couverture et d'un roman-photo avec Sylvie Vartan.

Cette rentrée 1972, j'en garde un excellent souvenir. Pourtant, je n'aimais guère cette période de l'année. Muriel tournait à Genève (mais je l'ignorais) son dernier feuilleton "Le Premier juré". La vie était alors belle, et l'avenir semblait radieux pour la belle comédienne.

Je viens de regarder un épisode des "Globe trotters", le troisième, "Le transfert", tourné en Hongrie, dans lequel Pierre (Yves Rénier) s'amourache d'une belle blonde hongroise, Aniko (Aniko Safar). Il est incroyable comme ce feuilleton a vieilli. Pierre sera vite déçu au bout de 28 minutes en découvrant qu'il a rencontré sa dulcinée deux jours avant son mariage. L'épisode a été diffusé le dimanche 12 novembre 1967, et donc cet automne 1972 est rediffusé le mercredi 27 septembre. J'ai une pensée pour Edward Meeks, qui incarne Bob, actuellement effondré par la disparition de sa femme, la romancière Jacqueline Monsigny, née en 1931.

A part la nostalgie, "Les Globe-trotters" aujourd'hui a perdu beaucoup de son charme. En 1972, la série était toujours à la mode et avait toute sa place chaque mercredi.

3 septembre

Pour la première fois, je deviens fan d'une comédienne dont je n'ai vu aucun film : la sino-américaine Chloe Bennet, vedette de « Marvel : Les agents du S.H.I.E.L.D », une série sans intérêt de super héros. J'ai vu des photos d'elle sur Facebook dans le groupe « Sexy Sci Fi Girls » (les filles sexy de science-fiction).

Elle est née en 1992 d'un père chinois et d'une mère américaine, et dit qu'Hollywood étant raciste, elle a changé son nom de Chloe Wang en Chloe Bennet. J'espère la voir vite dans quelque chose de plus intelligent que les agents du SHIELD. Elle a débuté en 2012, mais n'a pas fait grand-chose pour le moment, accaparée par sa série.

J'ai passé ma journée d'hier à corriger mon *journal* bourré de fautes.

4 septembre

J'ai rêvé de Muriel cette-nuit. Mon ouvrage sur elle était sorti à « France Loisirs », et il y en avait une pile à vendre dans le magasin. J'étais en présence d'un inconnu. Muriel elle-même, je n'ai pas le souvenir qu'elle ait été présente dans le rêve, autrement que par le livre interposé.

C'est la première rentrée des classes pour mon deuxième petit fils Lohan qui a pleuré quand ma fille l'a laissé et a été le chercher. Pour Lucas, ce sera le grand pas l'année prochaine, il est au CM2, et devra changer de ville pour aller au lycée en sixième.

5 septembre

Un fait divers tragique monopolise l'information à la radio et à la télévision : la disparition de la petite Maëlys en Isère, à Pont-de-Beauvoisin. La malheureuse est certainement morte et l'on sent que cette enquête criminelle patine comme le fils l'affaire Grégory Villemin. Il y a quelque chose de malsain chez les journalistes de faire du spectacle à partir de crimes sordides.

Cette après-midi, Pierre B., que j'apprécie beaucoup, a été élu à l'unanimité comme délégué syndical suppléant, après Mireille D., Christophe C. et Emmanuelle G. Depuis 2013, j'aurais usé quatre suppléants. Vivement que je me sauve de ce mandat de délégué syndical, car si les suppléants se trouvent, les titulaires ne se bousculent pas au portillon, et je ne voudrais pas rester dirigeant de la section CGT jusqu'à ma retraite.

Je m'inquiète au sujet de mon 58e anniversaire, mais n'en dirai pas plus dans ce *journal*.

7 septembre

22e anniversaire de la mort de Muriel Baptiste à laquelle j'ai beaucoup pensé, mais ce fut un jour comme un autre. L'inquiétude sur la venue de ma fille à mon anniversaire s'est dissipée hier.

A la radio et à la télé, on ne parle que de l'ouragan Irma, qui succède à Harvey (lequel s'est attaqué à Nederland où vit ma correspondante Cindy) et précède José.

8 septembre

Appel téléphonique de David durant trois heures. Il s'est souvenu que Muriel Baptiste lui avait raconté avoir démarché le scénariste Remo Forlani pour jouer dans le film « Les volets clos » de Jean-Claude Brialy, mais la distribution était complète. Il lui proposa alors d'écrire le texte de la chanson qui fut interprétée par Nicoletta. Mais Forlani signa seul les paroles.

Demain, je dois me lever tôt pour aller chercher au théâtre des Cordeliers à Romans à 9h00 une place pour le concert d'Hugues Aufray le samedi 7 octobre.

Romans sur Isère, 9 septembre

Réveil à 8h00. Arrivée au théâtre des Cordeliers à Romans pour acheter un billet pour le concert d'Hugues Aufray le 7 octobre à 9h12, mais des gens m'ont précédé, arrivant à 7h00 du matin sous la pluie pour une ouverture du théâtre à 8h45, chose que j'ai entendu dans une conversation de voisins de chaises, de sorte que je suis le 610e à attendre. On me remet un billet comme à la charcuterie !

Le principe de « Romans Scènes » est de vous obliger à vous abonner le jour J, un samedi, cette année le 9 septembre. Les artistes programmés durant la saison se produisent dans des lieux au nombre de places limités, où, en définitive, seuls les adhérents de « Romans Scènes » auront accès.

M'étant garé dans une place payante, j'ai prolongé d'un euro trente centimes mon stationnement, mais je suis passé et donc sorti bien après (le ticket mis derrière le pare-brise avant était expiré). Car en tant que 610e, je suis passé à 11h25 ! J'étais en règle pour le stationnement jusqu'à 10h30 je crois.

En 2013, cela s'appelait « Romans sur Scènes » et il fallait choisir trois spectacles obligatoirement, pour un montant de 100 euros. J'avais, pour voir Maxime Le Forestier (11 octobre 2013), choisi également Michel Jonasz (23 novembre 2013) et n'avais pas aimé le troisième spectacle, RJ and the James Brown Band, soit les musiciens de feu James Brown (4 avril 2014). J'avais beaucoup regretté de ne pas avoir choisi le musicien Didier Lockwood, car il compose des musiques de films, et se produisait le 18 décembre 2013.

Je ne tenais pas de *journal* en 2013, mais j'avais rencontré une certaine Violaine H. qui avait voulu m'accompagner au concert de Le Forestier. Elle n'avait pu trouver de place, car avec ce système d'abonnés et d'artistes passant dans des petites salles, toutes les places sont raflées par les abonnés.

Aujourd'hui, ce qui a changé, c'est que l'on peut s'abonner pour un seul concert. Ce qui revient moins cher mais n'enlève pas les contraintes. Ainsi, après être allé remplir et payer mon abonnement et ma place pour Hugues Aufray, il faudra qu'à partir du 21 septembre, je retourne au théâtre des Cordeliers chercher mon billet. Or Romans est distant de chez moi de 23 kilomètres (aller).

Il n'est pas étonnant qu'avec un tel système, il n'y ait ni affiches, ni publicité pour les concerts qui sont réservés à des privilégiés. En 2013, j'avais vu que l'année précédente, j'avais raté Michel Fugain et Marc Lavoine.

Bref, si l'on veut voir un artiste, autant qu'il ne passe pas dans le cadre de « Romans Scènes ».

Valence, 9 septembre

De retour de Romans sur Isère, je me suis rendu au forum des associations. J'ai adhéré au Cercle Algérianiste Drôme-Ardèche, mais j'ai dû me modérer pour les autres adhésions. Il existe un club d'écriture, mais mon pédigrée chez Publibook ne les a pas impressionnés, et le courant n'est pas passé avec les personnes du stand.

J'ai vaguement pris un bulletin pour faire de la marche nordique, mais d'une part le coût est assez cher, c'est le mercredi à 17h45 au parc de Lorient, il faut un certificat médical, et cela ne m'enthousiasme pas plus que cela.

Il y avait un groupe de marche nordique pour les séniors, et à 58 ans j'en suis un, mais les horaires ne conviennent pas à quelqu'un qui travaille. J'ai discuté avec une association d'amitié franco-camerounaise, mais me demande ce qu'ils faisaient là, car il est impossible d'adhérer si l'on n'est pas camerounais ou français conjoint d'un ressortissant du pays. De sorte que leurs soirées ne sont pas accessibles (repas dansants je pense) aux non-inscrits.

Le courant n'est pas non plus passé avec une association d'aide à l'informatique. Pour des raisons obscures, ils s'occupent en réalité plus de photographie que d'informatique.

11 septembre

Hier soir, je pensais beaucoup à Muriel Baptiste en m'endormant, et j'y ai rêvé, tout au moins a-t-elle fait une apparition embrouillée dans un rêve où je découvrais un nouveau chanteur italien (imaginaire donc) que je prenais pour Eros Ramazzotti, et qui était un inconnu.

Le blog de Muriel Baptiste me prend beaucoup de temps, au détriment de ce *journal.* Demain je ferai grève l'après-midi et irai défiler avec des collègues du bureau syndiqué après qu'ensemble, nous ayons mangé au restaurant « Le Pélican ». Il y aura les manifestants, dont Mireille D. dont le hasard des mandats syndicaux m'a quelque peu éloigné.

Pour donner une idée de la complexité du blog, chose que je ne ferai pas souvent (sinon cet ouvrage deviendrait trop long), je recopie ci-dessous l'article du jour du blog Muriel Baptiste.

Cette nuit, j'ai rêvé de Muriel Baptiste, un rêve embrouillé. Hier soir, en m'endormant, je pensais à elle. Elle n'a pas eu la vie que je croyais, celle d'une riche vedette, malgré les couvertures de Télé Poche, Télé 7 jours et Télémagazine, ayant eu une gloire éphémère et sombrant vite dans l'oubli et la misère.

J'achetais Télé Poche dont la couverture était consacrée à Georges Géret, héros de la version TV des « Misérables » que mes parents n'ont pas regardée.

Je l'ignorais alors qu'en 1967, Georges Géret avait joué le père de Muriel Baptiste dans le film « Le mois le plus beau ».

Les programmes commençaient à 12h30 par le 2e épisode de « Malican père et fils » intitulé « Les trois voyages » avec en vedette Giani Esposito, chanteur acteur qui allait brutalement nous quitter le 1er janvier 1974. C'est le père de la chanteuse Douchka. Je croyais que Giani était mort d'une crise cardiaque, mais les sites sur Internet mentionnent à la fois une hépatite virale et une tumeur au cerveau. Revenons au mercredi 13 septembre...

Pour une raison que j'ai oubliée, j'ai loupé "Les deux sœurs de Schliersee", pilote de la saison 2 des "Globe trotters". L'épisode sera rediffusé en 1975 dans l'émission de Guy Lux : « Samedi est à vous ».

L'histoire se déroule en Bavière et je l'avais vu en 1967. Aujourd'hui, je peux le regarder en couleurs. L'épisode ne dure que 28 minutes. Guère le temps de développer une intrigue. Il s'agit d'une histoire de rallye.

C'est un épisode dramatique, qui voit mourir l'une des deux sœurs dans un accident de la route. Il s'agit de Marika, avec lequel flirtait Pierre Ribard (Yves Rénier). De ce fait, ce premier opus est incroyablement dramatique, dans une série qui est habituellement bon enfant. On découvre que Marika s'est suicidée. En fait, elle est toujours vivante. La fin est bâclée, il s'agit d'une escroquerie à l'assurance, mais l'on ignore qui est la malheureuse qui a brûlé dans la voiture de Marika. Le nom de la comédienne qui incarne Marika n'est pas crédité au générique, seulement celui de sa sœur, Elizabeth (Marianne Hoffmann) née en 1941 et qui a cessé de tourner en 1976. J'avoue que j'avais complètement oublié l'épisode que je viens de visionner avant d'écrire cet article du blog.

Cependant, au mépris de toute cohérence, le cinéma Le Rex à Montélimar maintint cette semaine-là ses séances de l'après-midi le jeudi au lieu du mercredi, et je ne pus donc aller voir "Danger planète inconnue" avec Roy Thinnes, donc c'était le dernier jour d'exploitation.

Un jeudi de semaine sans enfants ni ados, il n'y a pas dû y avoir grand monde à la séance.

Sur deux chaînes, le choix est vite limité, la première propose "La Piste aux étoiles", la seconde "Les Dossiers de l'écran" avec "L'école buissonnière", film se situant en 1920, dans lequel Bernard Blier préfigure, mais de très loin, le professeur que joue Robin Williams dans "Le Cercle des poètes disparus".

Dans les programmes de la jeunesse, à 17h50, le regretté chanteur Billy Nancioli reprend la série « Samsong », suivie de "Skippy le Kangourou" (Episode "Le Virtuose"). Une série qui a mieux vieilli que "Ma sorcière bien aimée" (Cinquième épisode : "la poupée).

Je n'ai rien compris à "Danse sur un arc en ciel" comme je l'ai dit pris en route.

Sur la Une, à 21h25, dans le "Tour de chant Monique Morelli" (chanteuse actrice vue dans "Mandrin), notons la présence d'un chanteur rare en télé, Jacques Yvart, triquard chez tous les producteurs de l'époque (Guy Lux, Carpentier). Le fait est assez rare pour être signalé.

Douce époque où Muriel allait revenir, et où je voyais la vie en rose.

Muriel est irremplaçable, au point que 45 ans après, cette rentrée 1972 est dans ma mémoire.

12 septembre

Ce que je retiendrais de cette journée de grève, c'est que j'ai mangé avec plusieurs syndiqués dont Mireille D. qui n'avait pas de voiture et qui a été ma passagère pour aller au restaurant, trouvant un autre chauffeur pour aller manifester.

Pendant le défilé, j'étais derrière elle tout le temps. Vers la fin, elle a rejoint son mari.

Il y avait 2500 personnes selon la CGT, sans doute beaucoup moins selon la police, on a chanté « On lâche rien ».

Je pense que l'on a fait tout cela pour rien car Emmanuel Macron ne changera pas de politique.

16 septembre

Ma fille se sépare de son compagnon Adrien, je ne ferai pas de commentaires puisque c'est mon *journal* intime et non le sien.

17 septembre

Hier soir, j'ai appris sur Facebook le décès de la merveilleuse actrice Paloma Matta, la veuve de François Chaumette. Je l'avais aimée dans « La femme en blanc » en 1973, mais aussi dans « Belle et Sébastien », « D'Artagnan » et « Jacquou le croquant ». Elle était née en 1945, soit la cadette de Muriel de deux ans.

C'est sa famille qui a annoncé son décès qui date du 13 septembre. On n'en connaît pas les raisons. Paloma avait quitté le métier en 1973 pour devenir sage-femme.

Merveilleuse journée d'anniversaire où j'ai été gâté notamment par ma fille qui m'a offert un appareil photo numérique, et avec les enfants un agenda rempli de petits conseils personnalisés et de mots affectueux.

J'ai aussi beaucoup aimé le mot de ma fille qui n'avait pas de carte d'anniversaire, mais a écrit avec un amour profond et sincère des choses bouleversantes.

Ma mère m'a offert deux livres dont l'un n'est pas arrivé, commandé chez Amazon, « Les interprètes de James Bond », par Frédéric Valmont, avec Sean Connery en couverture. L'autre est magnifique, une édition de luxe des « Histoires extraordinaires » d'Edgar Poe qui sera un des joyaux de ma bibliothèque.

Les enfants ont été gentils, nous avons fait une promenade au parc derrière chez moi, écourtée par la pluie. Tout le monde est parti à 17h30 après être arrivé à 11h30.

Ce jour restera un grand moment de bonheur.

22 septembre

On ne sait pas son bonheur quand on a la santé, malheureusement, on l'oublie vite une fois qu'on est rétabli. J'épargnerai au lecteur cette semaine mon mal de dos et mes problèmes intestinaux.

Le temps m'énerve, il fait bien trop chaud pour une fin septembre. Les présentateurs de la météo se trompent sans arrêt, ainsi lundi à Saint-Etienne, il devait pleuvoir, j'avais un parapluie et j'étais habillé comme un Polonais. Il a fait un temps de canicule.

Ce soir, je me suis rendu à Romans chercher mon billet pour Hugues Aufray, devant me frayer un chemin parmi les vacanciers du week-end.

Si je tiens à jour le blog, je pense peu à Muriel Baptiste en ce moment. Du moins le crois-je, car j'attache une importance particulière à la tenue de son blog.

Je ne sais trop pourquoi, nostalgie des années 70, je m'intéresse à Claude François en ce moment, dont je possède une trentaine de CD.

23 septembre

J'apprends ce samedi 23 septembre 2017 avec tristesse le décès de la belle et sage Suzan Farmer, jadis repérée dans « Amicalement vôtre » et « Le Saint », troisième disparition d'un artiste qui m'est cher cette année après Roger Moore le 23 mai et Paloma Matta le 13 septembre.

Suzan, assez petite, par certains côtés me rappelait Muriel Baptiste.

L'agenda août 2017-août 2018 que m'a offert ma fille est adorable, parsemé de petits mots qu'elle a mis. « Comme il est dur de dire « Papa je t'aime », comme il est facile de l'écrire, comme il est bon de le penser ». Je peux déjà noter mes rendez-vous de 2018.

25 septembre

Je commence ma 58e année, depuis lundi 18, j'ai des problèmes de transit. C'est peut-être un virus, mais j'ai des coliques violentes, comme je n'ai pas le souvenir d'en avoir eu. J'avais décidé de ne pas en parler dans ce *journal*. Je suis en fait effrayé car j'ai une alternance de constipation et de diarrhées, ce qui est l'un des symptômes du cancer du côlon.

26 septembre

Le chanteur Gérard Palaprat est mort. C'était un salaud de première, j'avais jadis comme amie facebook (et c'était une amie de mon ex, Isabelle T.) la peintre Guylaine Papon, devenue Guylaine Papon Palaprat, avant qu'il la frappe et la batte tel un Bertrand Cantat et soit condamné par la justice.

Parce que j'ai dit sur Facebook face à tous les hommages et larmes de crocodile que c'était un être ignoble, c'est moi qui me fais insulter. Pourtant, la condamnation judiciaire de Palaprat, qui ne battra plus de femmes désormais, il suffit de taper dans le moteur de recherches Google pour la trouver. Comme disait Coluche, les morts sont toujours des chics types.

Si je regrette Roger Moore, Paloma Matta et Suzan Farmer, je n'ai pas d'état d'âme envers cette ordure de Palaprat.

28 septembre

Il m'arrive de passer des journées entières sans penser à Muriel Baptiste, ce qui était impensable il y a deux ans. David l'a faite tomber de son piédestal. Heureusement, il y a le blog Muriel que je mets en ligne chaque soir, en préparant à l'avance les textes le week-end.

Muriel, je t'aime, et j'aimerais que tout redevienne comme avant.

1er octobre

Agréable journée au Cercle Algérianiste de Valence :
conférence « Les premières lignes aériennes au Sahara »
suivi d'un bon repas et d'une discussion.

L'ambiance est vraiment sympathique.

3 octobre

J'ai rêvé de Muriel cette nuit, elle était vers la fin de sa vie.
Mais j'étais bien mieux avec elle, seul, qu'en cette
monotone journée où le travail m'a accaparé et laissé peu
de temps libre, au point que j'ai renoncé ce soir d'aller
dans l'association d'informatique « Fare » où je me suis
inscrit.

Je n'ai pas assez de temps libre pour faire entre autres
mon blog Muriel Baptiste. J'ai souvent le sentiment de ne
pas profiter de la vie, alors que l'âge avance (58 ans). Tout
cela me rend amer, en plus d'un imbécile qui m'a tenu
quatre heures au téléphone pour rien samedi, alors que
dimanche j'allais au Cercle Algérianiste.

S'il y a une autre vie et que j'ai tout mon temps à passer avec Muriel, ce ne serait pas plus mal.

5 octobre

Après un rêve de Muriel, deux nuits de cauchemars. Rien ne me réussit en ce moment, mais je pense avant tout à ma santé, qui est l'essentiel. Tout le reste est futilité. « Ces petites misères seront passagères, tout ça s'arrangera » comme chantait Maurice Chevalier.

Ce soir, SFR est en panne : pas de télévision, pas d'Internet, j'ai bien fait de ne pas résilier mon abonnement Internet Orange. Etant totalement accroc à la toile, je constate ce soir l'avantage d'avoir deux fournisseurs. J'ai appelé SFR avec ma ligne Orange, sinon, le téléphone de SFR étant aussi en panne, j'aurais sombré dans le silence.

Hugues Aufray n'a pas le succès espéré, il reste des places disponibles, mais j'ai dans cette histoire joué la carte de la sécurité. Habituellement, « Romans Scènes » n'a plus de places disponibles à part ses abonnés qui font la queue un samedi de septembre.

6 octobre

Brutal réveil en plein rêve où je tournais une nouvelle version de « Chapeau melon et bottes de cuir », dans le rôle de John Steed, aux côtés ma collègue de travail

Mireille D. dans le rôle d'Emma Peel. Je me suis demandé pourquoi elle et pas Lara Fabian. L'épisode s'appelait « Interférences » mais était un mélange de cet épisode et d'un autre intitulé « Les cybernautes ». Christopher Lee étant mort, il n'était pas remplacé par un autre acteur. Du moins, le comédien qui allait jouer le professeur Stone (incarné en 1967 par Lee) n'était pas encore choisi. Lambert Wilson interprétait le docteur Armstrong des « Cybernautes », mais ne se trouvait pas comme dans la version originale handicapé dans un fauteuil roulant. C'était un solide gaillard dangereux, bien debout sur ses jambes.

S'il s'avère que Mireille D. devient un substitut de Muriel Baptiste pour moi, j'étais très étonné que dans ce remake, Marion Cotillard, actrice que je n'ai jamais aimée, devait être ma partenaire et avait refusé le rôle. Mireille D. était donc le « second choix » encore que le rêve ne fît de moi qu'un acteur et pas le producteur, je n'étais semble-t-il pour rien dans le casting.

Un tel rêve interrompu m'a mis de méchante humeur le matin.

Lara Fabian a pris sa revanche ce soir puisque son nouveau CD est arrivé dans ma boîte aux lettres et tourne sur ma platine. Lara me plaît énormément, mais j'aime autant la voir que l'entendre.

Demain, je vais voir Hugues Aufray en concert.

Mes problèmes intestinaux continuent et me gâchent le quotidien.

8 octobre

J'ai vu beaucoup de concerts dans ma vie. Si l'on me demande les meilleurs souvenirs, je dis au pied levé : Sting, Eros Ramazzotti, Marc Lavoine, Michel Jonasz et Lara Fabian, mais je l'étends aussi à Alain Chamfort, Michel Sardou, Michel Berger, Elton John.

Les pires ont été Neil Young (je suis parti avant la fin), Etienne Daho inaudible entouré de guitares électriques et les musiciens de James Brown (RJ and the James Brown Band).

Le concert d'Hugues Aufray se situe malheureusement dans la seconde catégorie. Il n'a plus de voix, chante beaucoup trop de chansons de Brassens, a besoin d'un prompteur pour se rappeler les paroles y compris de « Céline » qu'il a dû interpréter des millions de fois, ou alors chante carrément faux quand il attaque le refrain de « Adieu monsieur le professeur ».

On ne peut pas lui reprocher son âge (88 ans) mais se demander ce qu'il fait encore sur scène. Il a beaucoup parlé, pour dire qu'il défendait les petites gens, dont il se revendique, qu'il aimait Brassens, Michel Rocard et détestait François Mitterrand ainsi qu'Aragon. Il a évoqué Coluche qui l'appelait « ma poule », ainsi que des souvenirs mortifères : le suicide de son frère Francesco à 26 ans, la mort de sa sœur Pascale Audret, actrice dans « L'eau vive », ce qui nous a valu l'interprétation de ce titre de Guy Béart. Il a trop parlé, farouche partisan de l'abolition de la peine de mort (ajoutant cette déclaration d'une chanson). Il aime les chanteurs des rues, déclare que les vrais poètes sont Aristide Bruant, Rimbaud, Brassens et Renaud, méprise Mallarmé et les gens de la haute qui se sont accaparés la poésie la rendant incompréhensible. Je n'ai absolument pas compris qu'il nous chante « J'attendrai » de Rina Ketty (sans mentionner la reprise de Dalida). A cet instant, je me suis dit que son spectacle partait dans tous les sens.

Sur d'autres sujets, il est ambigu, et l'on ne sait si c'est du lard ou du cochon ou même clairement ce qu'il veut dire. Il est selon lui un peu tard pour se mettre en marche avec Macron, mais il défend les jeans français de Thomas Huriez, fabriqués à Romans sur Isère, tout en portant lui-même la marque américaine Levi's. Une chanson dédiée à Jack Lang dont on ne sait si c'est pour le vanter ou le dénigrer. Il est contre la mondialisation, les radios, les médias, les corridas, et est devenu végétarien car ceux qui se disent contre la corrida mangent des steaks hachés.

Dans cette salle, j'ai vu Maxime Le Forestier, Michel Jonasz, RJ and the James Brown Band, c'est le théâtre des Cordeliers. Je garde un souvenir enchanteur de Michel

Jonasz, dont je n'avais pourtant aucun disque, le 23 novembre 2013. J'ai beaucoup regretté de ne pas être allé au concert de Didier Lockwood le 18 décembre 2013, lui qui a composé des musiques de films aussi belles que « Les enfants de la pluie ». Pour Jonasz, de mémoire j'étais au 8e ou 9e rang, hier au 3e.

Ce n'est pas ma faute si je suis déçu. A 88 ans, l'artiste devrait comprendre de lui-même qu'il n'est plus capable d'assurer un spectacle digne de ce nom.

En revenant de Romans, j'écoutais les nouvelles chansons de Lara Fabian que je me mets à aimer après avoir été dérouté, et j'ai hâte de la voir en concert.

Montélimar, Viviers et le Teil, 11 octobre

16e film vu avec mon petit-fils Lucas, « Capitaine Superslip », un dessin animé américain. J'ai trouvé cela d'une vulgarité absolue. Nous y sommes allés à 17h30, au cinéma du Teil, « Regain », car mon petit-fils n'a pas voulu renoncer à son activité du mercredi après-midi consacrée à l'apprentissage de la pêche. J'ai eu aussi une contrariété en ne retrouvant pas à l'appartement de ma mère le carnet de chansons qu'elle m'avait demandé de lui rapporter.

Valence, 12 octobre

Beaucoup d'affaires à jeter à Valence aussi, et ma semaine de vacances n'y suffira pas.

J'ai failli avoir une mauvaise surprise avec Conforama qui vient samedi me livrer un nouveau lit, ils ne s'occupent pas de démonter ce dernier, et ne m'avaient pas dit qu'il fallait envelopper le matelas, pour des raisons d'hygiène, dans un emballage spécial. Je suis fou de rage. Un voisin va m'aider.

Mes vacances pour ces raisons ont été fichues en l'air.

A l'instant, je m'aperçois que Conforama m'a contacté alors que mon téléphone était en silencieux, mon matelas ne sera pas disponible samedi.

13 octobre

Je n'avais pas prévu d'écrire aujourd'hui, mais j'apprends la mort à 69 ans d'un cancer évidemment de la comédienne Elizabeth Baur que j'ai adorée dans « Le Ranch L », et qui avait pris la succession de Barbara Anderson dans « L'homme de fer ». Roger Moore, Paloma Matta, Suzan Farmer, et maintenant elle. Putain d'année 2017 !

15 octobre

Dans le dernier « James Bond », « Spectre », un personnage dit au héros : « Vous êtes un cerf-volant qui danse dans un ouragan ». J'ai depuis peu l'impression que ma vie traverse un ouragan dans lequel je suis perdu et n'ai rien pour me raccrocher à quelque chose. J'ai un immense sentiment de solitude et de danger. Le cauchemar semble être devenu la réalité, ne plus appartenir au rêve.

Il n'y a de bonheur et de confort que dans l'égoïsme, je me souviens d'un temps pas si éloigné où l'achat d'un compact disc éveillait en moi une joie et un but. A la façon dont la vie me traite, je vais revenir à grands pas au projet de penser avant tout à moi.

Il faut que je me répète sans cesse une chose : l'essentiel est la santé. Tout le reste peut s'arranger, ou pas, mais la santé doit rester la source de joie ou de préoccupation cruciale.

Je suis à un moment important de mon existence, un moment charnière. Je suis confronté à des décisions douloureuses à prendre. Je voudrais le printemps et arrive l'hiver, un hiver estival dû au réchauffement de la planète. Mais dans mon cœur, il ne fait pas chaud.

17 octobre

On ne parle que de harcèlement sexuel (tout cela parti de ce producteur hollywoodien dont j'ai oublié le nom imprononçable), du discours de Macron dimanche dernier, de la chute de l'état islamique en Syrie, mais tout m'indiffère. Je marche à côté de mes souliers comme aurait dit ma chère Muriel Baptiste. Trop de problèmes personnels et familiaux qui n'ont pas sa place sur ce *journal*.

21 octobre

Je manque d'actualité pour alimenter ces pages blanches et voudrais revenir sur une émission hommage assez lucide, déjà diffusée deux fois, sur Joe Dassin. Mais je ne le fais pas innocemment. Lira entre les lignes qui le pourra.

Pour la première fois, on y révèle la face cachée de celui qui dans les années 70 dans son costume blanc faisait figure de gendre idéal. Elle est peu reluisante. Une des plus grosses têtes du métier à son époque. L'émission d'ailleurs ne dit pas tout, par exemple la brouille avec le chanteur Eric Charden. Le fait qu'il ne voyait ses amis chanteurs que lors des émissions des Carpentier, ce qui écorne l'idée que l'on se faisait de « L'équipe à Jojo » (Carlos, Jeane Manson, etc.).

Dassin a payé de sa vie ses excès, consommateur de cocaïne alors qu'il était cardiaque.

Je ne veux pas parler de Joe Dassin pour tirer sur un mort. Ce qui m'a frappé dans l'émission hommage, ce sont les mots du parolier Claude Lemesle : « Joe est parti en pensant que son père ne l'aimait pas ».

Jules Dassin, metteur en scène ayant dû fuir l'Amérique à cause de ses idées communistes, était un séducteur et avait quitté la mère du chanteur, Béatrice, violoniste célèbre, pour Mélina Mercouri. Joe lui en voulut beaucoup et ne fit la paix que des années plus tard, voulant faire du cinéma, chose qui se limita à de simples apparitions. Sa destinée était de percer dans le monde de la chanson.

Mais en revoyant l'émission récemment, j'ai compris que Lemesle avait raison. On y voit Jules Dassin se moquer de son fils. Difficile de parler franc quand il s'agit de deux disparus. On peut objectivement remarquer que Joe Dassin n'avait pas tort : son père ne l'aimait pas. On le voit à la façon dont Jules méprise la chanson populaire au travers de quelques remarques ironiques déplacées, du haut de son statut de metteur en scène intello-prétentieux. Par exemple quand il explique qu'il a pu se faire ouvrir une boutique fermée « parce qu'il est le père de Joe Dassin ».

Supportant mal la séparation, Joe (d'après « Wikipédia ») décida en 1954 de se venger de son père en retournant aux Etats-Unis. Il restera presque dix ans sans le voir, le rejoignant en 1963 sur le tournage de « Topkapi ». Jules ne lui donne qu'un petit rôle. Une relation père-fils bien compliquée, sans tomber toutefois dans les pages des faits divers comme cette année Sheila et son enfant. Lorsque le fils devient un chanteur populaire, il a réussi dans un créneau que le père méprise ouvertement. Ce fils qui lui a reproché d'avoir quitté sa mère, et auquel il n'a guère donné sa chance (« Topkapi ») alors qu'il était en mesure de le faire, devient quasiment plus populaire que lui, si l'on considère que leur pays d'origine les Etats-Unis les a tous les deux totalement ignorés.

Si je sors des souvenirs d'un autre temps, c'est simplement pour dire qu'entre parents et enfants, l'amour n'est pas inné. Je n'en dirai pas plus. Car les choses ne se passent pas toujours comme dans la famille Dassin, et ce n'est pas forcément le père qui rejette l'enfant.

Ces situations sont en tout cas synonymes de souffrance.

22 octobre

Heureusement qu'il est possible de revoir en replay sur un ordinateur les émissions TV que l'on a manquées. Jeudi soir, Lara Fabian était sur M6 et je ne le savais pas (Je regarde des DVD avec Scott Bakula au lieu de notre triste télévision actuelle), elle a chanté « Je t'aime », 50ᵉ au classement des chansons préférées des français avec une tenue qui fait le buzz. Robe ouverte sur un décolleté vertigineux. Une tenue ultra-sexy, laissant voir son soutien-gorge et vêtue d'une robe légère dont le bas très ajouré laissait apparaître ses cuissardes noires. Je m'en serai voulu de manquer cela. Je l'ai appris par le réseau social Facebook où une fois de plus Charlélie Couture fait une brillante intervention sur l'actualité que j'intègre dans mon *journal*.

Publication de Charlélie Couture aujourd'hui sur Facebook à propos de l'affaire Harvey Weinstein.

Dans ces trains qui m'emmènent d'une ville à une autre, je lis les journaux. En ce moment, difficile d'échapper aux articles assortis de détails croustillants qui couvrent à pleines colonnes les frasques d'Harvey.
Or donc il se trouve que ce producteur de cinéma dont l'extraordinaire réussite faisait fantasmer des milliers de gens, s'appelle Weinstein. Il est certain que la formule « dénonce ton porc » clairement anti-casher est d'autant mieux trouvée quand on veut faire mal…
Ainsi on découvre vingt ans plus tard qu'Harvey « Vin-de-pierre » qui finançait des films dans lesquels jouaient (entre autres) des jeunes actrices huilait avec ce même argent les serrures du parti Démocrate, tiens tiens. Mais au-delà de l'aspect politique un peu complexe, la perversion sexuelle était exhibitionniste, puisque d'après les témoignages, ça faisait bander le gros Harvey de se montrer nu, voire même de se masturber devant des jeunes filles qui l'avaient suivi dans sa chambre. Agissant ainsi Harvey faisait honteusement comme tous ces cyniques nababs qui abusent ainsi de leur pouvoir et de leur position dominante pour tenter d'influencer les décisions intimes de personnes fragiles qui craignent que leur destinée ne dépende de ces mêmes sagouins.
Certes il est normal de considérer que ces comportements

puants doivent être condamnés eux qui sont une atteinte à l'honneur des êtres qui doivent pouvoir faire leur choix en leur âme et conscience. Pour autant, quelle que soit la position sociale de l'accusé, qu'il soit politicien, industriel, chirurgien ou metteur en scène, jeter quelqu'un en lapidation sur la place publique via Twitter sans autre forme de procès que la dénonciation, je trouve ça tout aussi injuste ! Non pas qu'il faille rester silencieux face aux gestes abjectes de tarés influents, mais parce que c'est le rôle de la police d'entendre les aveux, et celui de la justice que de décider de la sentence. Reconnus coupables d'avoir diffusé des infos calomnieuses, les journaux ou médias publient les correctifs et les mea culpa en caractères minuscules se et personne ne les lit. Bien loin du tord qu'ils ont à leur tour causé. Vous me direz que David Hamilton avait fait son temps, et nul ne sait à qui son suicide a fait de la peine…

Il n'empêche que cette affaire H.W. révèle une réelle fracture dans notre société. D'un côté les ligues de morale fleurent la néo-pudibonderie façon téton-phobie sur Facebook, et c'est le grand retour de la censure dans les expo d'Art sous prétexte de heurter la vertu de candides visiteurs, de même que les virulents puritains opposés au mariage pour tous défilaient hier dans la rue en levant sur des manches à balais l'éphigie de ceux qu'ils honnissent, et défendant sur fond d'intégrisme inflexible la même idéologie rétro-conservatrice que les « zyva » criant dans les cités des insultes volantes du genre « tassepés », et « fille de tepus » en direction des jeunes filles non voilées … De l'autre les fringants libertins body-huilés mis en scène sur des clips illustrés par des « bitches par ci » et « bitches par là », chantant exclusivement leurs appétits sexuels sans autre goût pour la rhétorique, ou les mateurs du soir amateurs de visites compulsives des pornos web sites où l'on peut tout voir, ou même les témoignages lamentables de la simple nature humaine dans les reality-tivis dans lesquels des crétins sûrs d'eux la chemise ouverte, exhibent leur beauté blingbling et leurs muscles bronzés, sans parler des grossiers seigneurs d'industrie, ou les trendies parvenus et jeunes traders sniffeurs de coke qui veulent impressionner leurs semblables à grande brassées d'argent libéral, eux qui ont perdu le contact avec le monde réel et qui sont persuadés qu'ils peuvent tout acheter… Oui il y a un véritable gouffre entre ces deux positionnements.

Si j'étais ado, oui, j'aurais encore plus de mal à me construire aujourd'hui.
Dans la période dite de « libération sexuelle », je me souviens que c'était déjà difficile trouver ses repères. Je repense aux difficultés qu'on avait pour rentrer en contact avec une âme complice. Et comment c'était déjà difficile de se mettre en valeur quand on doutait de soi. Aujourd'hui le mot « draguer » lui-même est devenu presque une injure « hein ? quoi ? Mais on n'est pas au fond de l'eau…»
On me dit : « Mets-toi à la place des filles ! ». J'essaie, mais ce n'est pas spontanément dans ma nature. J'essaie mais je ne suis pas certain d'y arriver bien. Alors on me dit : « Il faut comprendre toutes les vexations, toutes les humiliations qu'on subit au quotidien, toutes les brimades, le manque de tact, ou même le manque reconnaissance, … ». Oui, oui, je te jure que je fais partie des hommes qui condamnent toutes les formes du dénie de la personne humaine, qui qu'elle soit. Je ne suis pas un ennemi de la cause féminine loin de là, mais en même temps, je pense comme je suis et je déteste les généralités confuses. Il y a autant de façon de « penser comme une fille/femme » qu'il y a de filles/femmes. Les femmes ceci, les hommes cela, je hais les amalgames démagos qui permettent de tout dire en même temps. Avant de jeter toutes les pensées dans une même poubelle, je m'efforce de faire le tri. Les responsables de crimes et délits doivent être punis, mais ce n'est pas le rôle ni de Twitter ni de Facebook de se promouvoir en juge de paix, eux qui ont démontré mille fois

leur pouvoir de diffuser des informations calomnieuses et totalement fake.

Les enfants de mes amis se marient désormais après avoir entretenu de parfois longues relations virtuelles. Au delà de leurs copains d'université ou de boulot, ils ont appris à se connaître sans se toucher à travers des sites de rencontres comme Meetic, Be2, Elite, Edarling, Cdate, il y a aujourd'hui pléthore de ces entreprises commerciales qui régissent les rencontres entre personnes semblables comme des postes d'embranchements internautiques stérilisés et protégés par un anonymat qui permet à chacun de protéger sa personne derrière l'écran de son ordinateur. Alors plus que jamais tremblez oh diablotins armés d'arc et de fléches, vous chérubins culs nus et vous démons de la passion ! Qu'on soit dominant ou dominé, qu'on habite en ville ou à la campagne, méfiez-vous des feux de paille,
L'amour est dans le pré-caution,
Un prêt sous caution,
Avant qu'il ne vous ruine.
CharlElie
Oct 2017

24 octobre

Ambiance lourde au bureau, avec le sentiment que je passe à côté de ma vie par manque de temps libre, ce qui doit être le cas de millions de gens.

Même dans ce *journal*, je ne peux tout raconter. Il sera publié un jour par Publibook et donc disponible à des yeux étrangers, même si le risque est minime car une poignée de gens me lisent. Mais si je dois m'autocensurer, je finis par me poser la question de continuer.

J'ai défendu une salariée au bureau, dans le cadre de mon mandat syndical, mais les conséquences sont pires qu'avant pour la personne qui m'a sollicité. Cela dit, je n'ai rien à me reprocher.

Etre délégué syndical n'est pas une chose de tout repos. Pour ne pas faire de mystère, c'est essentiellement cette affaire que je censure dans le *journal*, mais si je relis cela dans quelques années, me rappellerai-je les détails ?

Le temps passe vite, mais cela n'a pas que du bon. Nino Ferrer dans la chanson « Riz complet » disait « Depuis l'école jusqu'au cimetière, je fais ce qu'on me dit ». Je me rapproche de la retraite mais aussi de la solitude et de la mort.

Cette frustration de ne pas avoir de temps pour soi, je la connais depuis des années. Lorsque j'étais marié, je n'en avais pas du tout.

J'ai décidé de mettre le texte complet de la chanson « Riz complet » qui a servi de bande originale à un film « Quand tu seras débloqué, fais-moi signe ! » également exploité sous le titre « Les Babas cool » avec Christian Clavier et Marie-Anne Chazel.

Dans cette ville où tout est triste
Je suis un escargot sinistre
Je me recroqueville et m'enkyste
Je m'ennuie,
Je suis coiffeur ou secrétaire
Mécanicien, bibliothécaire
J'habite la banlieue ouvrière

Et je m'ennuie,
Je m'ennuie,
Je voudrais faire autre chose de ma vie
Je m'ennuie
Je voudrais savoir comment sortir d'ici

Car il n'y a pas d'échappatoire
Du mauvais côté de la barrière
Depuis l'école jusqu'au cimetière
Je fais ce qu'on me dit
D'HLM en club de vacances
Sans but, sans orgueil, sans vaillance
Je ne peux que suivre la danse

Et faire comme si,
Je m'ennuie,
Je voudrais faire autre chose de ma vie
Je m'ennuie
Je voudrais savoir comment sortir d'ici

Vivre d'amour, de musique et de riz complet
Quelque part où ce serait bien vert
Avec des chiens, des vaches, des poules et des mouflets
Et un peu d'herbe pour les soirs d'hiver

Faire des fromages, des tissages, des poteries,
Des bijoux pour gagner nos croûtes
Et pour pouvoir partir un jour à Katmandou
Avec un peu d'herbe pour la route.

Mettre en commun l'amour, le fric et le turbin,
Oublier le monde qui s'écroule
Et faute de mousse, planter de l'herbe dans son jardin
Puisqu'on est que des pierres qui roulent.

Je me rends compte que je cite tantôt Charlélie Couture, tantôt Nino Ferrer, un peu comme si je n'avais plus rien à dire. J'ai depuis deux jours essayé de faire un blog sur Lara Fabian, un blog personnel à partir du moment où je me suis intéressé à elle en 2016. Mais il y a aussi le blog

Muriel Baptiste. En rentrant à 17h30 ou 18h00 chez moi, il est bien trop tard pour faire tout cela.

Il y a aussi les fêlures familiales que je ne veux évoquer, on aborde là le journal intime, et je ne voudrais blesser personne de mon entourage par mes écrits.

27 octobre

Je suis triste et morose en cette fin d'année. Je sors du dentiste qui doit me changer cinq couronnes et m'a planifié des réunions jusqu'en janvier, et les choses ne sont pas si simples que je le pensais.

Je continue mon blog, mais je dois avouer que je ne pense plus à Muriel Baptiste tout le temps comme avant. Il peut y avoir à cela plusieurs explications. J'ai appris sa mort le dimanche 6 novembre 2005, ce qui fait donc douze ans. On pourrait dire quelque part que j'ai fait mon deuil. Avant, il ne se passait pas une heure sans que je pense à Muriel, elle était tout le temps dans ma tête, aujourd'hui, il m'arrive de passer une journée entière sans que je pense à elle. Elle n'est pas remplacée.

Une autre explication est possible : fin 2015, j'ai appris des choses sur sa vie privée, et elle est quelque part tombée de son piédestal, passant de mythe à une femme comme les autres. Cela dit, ce n'est peut-être qu'un passage à vide temporaire.

A la place de Muriel, je ne pense à rien.

Demain, je dois me rendre à une fête, le départ en retraite d'un collègue, sans doute le dernier à m'inviter car dans mon entreprise, les anciens sont partis. J'avoue mon peu de goût pour ce genre de soirées que j'appelle « c'est la chenille que redémarre ». On est censé s'y amuser, mais cela n'a jamais été ma tasse de thé.

La Catalogne proclame son indépendance, mais cette affaire me laisse indifférent, je n'y comprends rien et cela ne m'intéresse pas.

29 octobre

Soirée festive de départ en retraite de François A. au bois de Thodure que j'ai été repérer dans l'après-midi car le lieu est difficile à trouver. Cela m'a valu une belle frayeur avec ma Clio en bout de course dont un voyant orange « gaz d'échappement » clignotait sur le tableau de bord. Cela a finalement cessé et la soirée de 19h00 à 02h00 ce matin n'a pas été ennuyeuse. J'ai compris que j'avais tort d'avoir l'air toujours triste et fournirai des efforts pour ne plus paraître tel. Quand les gens font l'effort de me connaître (j'ai besoin que l'on m'apprivoise), je suis de bonne compagnie.

31 octobre

Apparemment, les enfants ne viennent pas cette année, du moins à l'heure où j'écris ce journal (19h16). C'est Halloween, et l'année dernière, après des années d'absence, des gamins étaient venus avec leur mère chercher des bonbons pour la fête des sorcières.

Ce soir, je vais regarder pour la énième fois « Cubby House », film australien qui a figuré à la sélection de Gerardmer en 2002 (Gerardmer ayant succédé à Avoriaz pour le festival du film fantastique en 1994). Avoriaz avait duré de 1973 à 1993.

Je me suis fait un petit plaisir qui n'était pas arrivé depuis longtemps : acheter un cd de musique de film qui est sorti cette nuit aux USA sur le site en ligne de Varèse Sarabande pour Halloween : la musique de « The Haunting » par ce cher Jerry Goldsmith. C'est un film de maison hantée de 1999. Il passe d'ailleurs ce soir mais sur une chaîne que je capte, Paramount Channel. Ce doit être une offre d'essai gratuite de Numéricable, car je suis persuadé que jusqu'ici, je n'avais pas accès à cette chaîne. Cela me fera deux films d'épouvante pour Halloween 2017. A défaut de visiteurs amateurs de bonbons.

Dans la gué-guerre CFDT CGT dans mon entreprise, je me souviendrai surtout de ce 31 octobre pour la mise au point faite à mon égard par le délégué CFDT, par suite d'années de conflits dont je n'encombrerai pas ce journal, mais qui a été un moment désagréable.

Cette nuit, j'ai rêvé de Vanessa Demouy, qui était une jeune actrice des années 90. Qu'est-elle devenue ?

2 novembre

Après Vanessa Demouy, j'ai rêvé de Muriel dans « Les Rois maudits », j'étais dans la peau d'Enguerrand de Marigny. J'ai maudit le réveil.

6 novembre

Depuis 2005, pour des raisons que j'ai maintes fois expliquées, le 6 novembre est une date triste, tragique, funeste. Cette année, elle est celle de la colère, avec la négligence d'un magasin Conforama, que je bannis à vie de ma clientèle, qui m'a vendu un matelas le 20 septembre, commence les prélèvements mensuels sans me l'avoir livré (via Cétélem). Je devrais l'avoir sous trois semaines, mais il aura fallu me déplacer spécialement, après une journée éprouvante de travail où j'ai trouvé le téléphone harcelant.

2017 restera une année triste, avec son lot de déceptions, même si le bien le plus précieux, la santé, est heureusement là. Je suis obligé de garder une certaine réserve sur ce *journal*. C'est frustrant.

Bien sûr, la page des faits divers entre la disparition et sans doute assassinat de la petite Maëlys à neuf ans le 26 août, le meurtre de cette joggeuse Alexia Daval le 28 octobre, deux attentats consécutifs aux Etats-Unis, tout cela est bien plus grave que mes soucis.

7 novembre

Le froid est là, il paraît que nous allons connaître un hiver difficile avec un climat glacial différent des dernières années.

Le froid m'entoure dans tous les sens du terme. Je pense que certaines fêlures seront longues à cicatriser.

J'ai vu que le chanteur Chris Evans, dont j'ai deux CD, qui chante du rock des années 60, fait un réveillon à 66 euros à Saint-Marcellin en Forez dans la Loire. Cela me faisait envie, mais après coup, j'ai changé d'avis, car de toute façon, avec ma Clio, partir si loin un jour de l'an serait suicidaire. D'autre part, je ne vais pas laisser ma mère un 31 décembre, et n'étant pas en couple, aller dans un repas concert de ce genre risque davantage d'être dépressogène plutôt qu'une partie de plaisir.

11 novembre

Je recherche une nouvelle voiture, la mienne rendant l'âme. J'ai un budget que je pensais suffisant mais qui ne me permet pas d'espérer, après coup, des miracles.

Les déceptions s'accumulent en cette année 2017. Rien de grave, mais des évènements, ou micro-évènements, qui ajoutés l'un à l'autre rendent le quotidien pénible.

Je n'avais jamais réalisé que Muriel jouait si peu de temps dans « Les risques du métier », chronomètre en mains, sa prestation dure quatre minutes… soit de la 47e minute à la 51eme ! La première fois que j'ai vu le film, à la télévision, le dimanche 4 février 1973, il me semblait qu'elle était présente tout au long du métrage.

Je suis morne et triste en ce moment comme un mois de novembre qui n'a pas vu le soleil percer entre les nuages. Comme une Toussaint permanente.

12 novembre

Journée mitigée qui a mieux commencé qu'elle ne s'est terminée. En effet, c'était ma deuxième conférence au cercle algérianiste. La conférence, menée par Bernard Zeller, fils d'un des généraux putschistes d'Alger, André Zeller, était vivante et passionnante. Sa petite fille était aux commandes du projecteur de diapositives. C'est avec plaisir que j'ai acheté le livre, qui est le *journal* du général en prison à Tulle de 1961 à 1966. Bernard Zeller me l'a dédicacé.

Ce n'est pas un livre qu'on achète pour ranger dans une bibliothèque, je vais le lire. En revanche, la suite m'a laissé une impression mitigée. En effet, malgré mes efforts, personne ne m'a parlé. Je ne peux pas chaque fois accaparer le président de l'association et sa femme, et je me suis retrouvé à une table où malgré mes efforts et soucis d'être sociable, personne ne m'a parlé, de sorte que je suis parti à 15h00 au lieu de 18h00, et que cela compromet ma présence et mon adhésion dans cette association.

Je n'ai que le week-end pour être libre, et si c'est pour le perdre à parler à des murs, je resterai chez moi. Peut-être irai-je aux conférences sans participer au repas, mais c'est un peu frustrant.

Je suis déçu. Il est vrai que la moyenne d'âge est de 80-90 ans.

14 novembre

Je retrouve le moral. Mon voisin est revenu de l'Ain, et s'occupe de me trouver une voiture allemande. Il me propose même de me racheter ma Clio. Il m'a renouvelé sa proposition de démonter mon lit le jour où Conforama daignera me livrer celui que j'ai acheté.

Mais je sens malgré tout une profonde lassitude au fond de moi. Espérons que ce n'était qu'un passage à vide.

16 novembre

Hier, le banquier me disait par téléphone que rien n'était sûr pour l'octroi du prêt de 8000 euros pour l'achat d'une nouvelle voiture, alors qu'il était affirmatif le vendredi 10 novembre, en possession de tous mes comptes bancaires et pièces justificatives. Si je me retrouve le bec dans l'eau, que va penser le voisin, auquel j'ai dit que je voulais une voiture allemande et disposait de ce budget ?

Quant au Beaujolais nouveau, je n'irai plus désormais au repas de la MSA. J'ai été mis à l'écart des collègues, qui ne semblaient guère enthousiastes de me voir venir. Il faut dire aussi que distrait, je pensais que le troisième jeudi de novembre était la semaine prochaine.

Je me suis retrouvé à côté d'une retraitée, qui m'a parlé, et en face les places étaient vides. A ma gauche, à intervalle d'une place vide, Dominique N., ancien champion du monde de boules (la « longue » lyonnaise), retraité, parti comme un sauvage, ne m'a pas adressé la parole.

J'ai eu des nouvelles de mon ancien directeur dont ma voisine de table est la compagne, et appris que l'homme qui m'a recruté en 1984, Monsieur Couderc, est mort depuis six ans.

Le reste mérite-t-il d'être relaté dans ce *journal* ? Depuis septembre, je me suis aperçu d'un affaissement de mon sol à l'entrée de la salle à manger, mais ni le syndic de copropriété, ni mon assurance habitation, ne veulent faire une expertise coûteuse, je ne suis d'ailleurs pas couvert par mon assureur pour ce sinistre. Enfin, j'ai acheté un lit à Conforama le 20 septembre qui n'est toujours pas livré. J'ai tendance à me censurer pour ne dépasser les 300 000 caractères maximum imposés par Publibook pour le *journal*.

20 novembre

Je suis en vacances pour une semaine et savoure la tranquillité. J'ai pris de l'avance pour la rédaction des articles de mon blog Muriel Baptiste, dans lequel j'ai inséré une section consacrée à la série américaine « Match contre la vie » qui fut diffusée durant les années Muriel et n'a jamais été reprogrammée.

Cela m'a donné un gros travail, car il y a 34 épisodes doublés en français. Je n'ai pas la série en VHS ni en DVD, supports qui n'existent pas pour ce feuilleton, mais un site d'un fan américain qui a résumé les épisodes en anglais. Il y a 86 épisodes, et je n'ai évidemment traduits que les résumés des 34 histoires qui ont été doublés en français. J'ai aussi enregistré sur mon ordinateur 620 photos de ces 34 épisodes, et suis bien content que ce travail soit terminé. Il a été fait pour mon plaisir, à la différence des chroniques interminables du site « Le monde des Avengers ». Le travail pour le blog de Muriel Baptiste est fait à partir de numéros de Télé Poche, Télé 7 jours, et de mes souvenirs de l'époque 1972-73.

Charles Manson est mort. Il ne sera jamais libéré, alors qu'il en fut question, mais qui se souvient aujourd'hui de la pauvre madame Polanski, Sharon Tate ?

Je ne résiste pas au plaisir de reproduire ici ce qui figurera sur le blog à la page du 31 décembre 1972, tellement hier était mieux qu'aujourd'hui.

C'est l'inauguration de la 3ᵉ chaîne qui n'arrivera à Montélimar qu'en février 1974, juste à temps pour que je voie Muriel dans « L'affaire Bernardi de Sigoyer » le 6 mars.

Toutefois, je raterai Muriel en 1973 dans un épisode de la série « Témoignages », une collection d'histoires dont les vedettes sont différentes à chaque épisode.

Ce dimanche, il y avait un film à 14h20, « Les fêtes galantes » de 1965 avec Jean-Pierre Cassel sur la 2.

Je ne me souviens pas si je l'ai regardé.

Je me rappelle Marthe Keller et Louis Velle, dans leurs costumes et leurs personnages de « La demoiselle d'Avignon », venus souhaiter une bonne année 1973 dans « Top à 1973 » des Carpentier.

Mes parents allèrent se coucher et me laissèrent seuls devant le poste de télévision.

J'ai regardé « Faut pas prendre les enfants du bon Dieu pour des canards sauvages ». Il y a Marlène Jobert, Françoise Rosay et Bernard Blier dans ce film. J'étais bien trop jeune pour tout comprendre (par exemple l'homosexualité du personnage de Jacky incarné par Mario David).

En fait, je suis passé de 1972 à 1973 en regardant cette ânerie, mais en songeant comme vous le devinez à Muriel Baptiste.

1972 avait été une année en or pour moi avec la rediffusion de « La princesse du rail », mon retour de flamme pour son interprète principale, « Richard Lagrange », « Les Rois maudits », et cette passion folle et merveilleuse, qui m'éveillait au sentiment amoureux.

On peut dire qu'à cause de Muriel, je n'ai pas eu de petite fiancée au collège. Je ne le regrette pas.

Si je fais le bilan de 1972, ce fut une année télévisuelle exceptionnelle, avec la suite des « Envahisseurs », « L'immortel » avec Christopher George », « Mannix », « L'homme qui revient de loin », « Amicalement vôtre ».

Mais surtout, l'année avait à jamais gravé dans mon cœur Muriel Baptiste. Si je pouvais monter dans une machine à explorer le temps, j'irais en 1972 au 24 rue Pigalle voir la merveilleuse personne qu'elle était. Je portais une *chevalière de Notre Dame de Montligeon, où était inscrit à l'intérieur un « M » pour Muriel.*

Avec le recul, je me suis complètement trompé sur la suite des évènements car je pensais qu'après « Les rois maudits », Muriel Baptiste allait devenir une immense vedette.

Dans l'ignorance du destin, je pense que le dimanche 31 décembre 1972, je savourais le bonheur comme jamais. Merveilleux temps de l'insouciance.

21 novembre

Visite chez le dentiste. Il s'agit du début d'une série de cinq séances (minimum) pour remplacer cinq couronnes. En 58 ans, je ne serai pas parvenu à dominer ma peur du dentiste. Il est heureusement sympathique, c'est déjà ça.

J'ai appelé mon banquier ce matin pour le relancer au sujet d'un prêt pour acheter une nouvelle voiture, il devait me rappeler et ne l'a pas fait. Mauvais signe.

Ma fille me fait part de mauvaises nouvelles dans une action judiciaire qu'elle a entreprise pour une pension alimentaire.

Je la verrai demain pour fêter à Viviers l'anniversaire de mon second petit fils, Lohan, 3 ans, et peut-être aller au cinéma avec Lucas.

Viviers et Montélimar, 22 novembre

Agréable journée avec ma fille et mes petits-fils. Le deuxième a été ravi du cadeau d'anniversaire, un camion télécommandé. Avec le premier, nous avons vu ensemble notre 17e film, « Opération casse-noisette 2 ». La musique est toujours de ce Heitor Pereira, qui a déjà signé « Les Minions », « Angry birds » et « Moi, moche et méchant ».

Je l'ai emmené ensuite faire du kart à pédales.

La journée a été gâchée par le banquier de la Société Générale qui devait rappeler pour l'achat de ma voiture, ne l'a pas fait. Au cinéma, j'ai mis mon portable en silencieux mais n'ai pas profité du dessin animé, les yeux rivés sur le téléphone. Ce soir, je découvre que cet homme incompétent me réclame les feuilles de paie et avis d'imposition que je lui ai amenés l'autre jour et qu'il n'a pas gardé. Il me faut tout scanner, les pièces jointes sont lourdes, et je dois faire sept messages sur le site de la banque. Demain matin, j'ai rendez-vous à 9h00 avec le voisin pour acheter une Opel, mais ne peux prendre aucune sorte d'engagement. J'aurais dû contacter la

Caisse d'épargne pour un prêt automobile en ne tenant pas compte de l'offre de gascon de la Société Générale.

Valence, 23 novembre

J'ai enfin trouvé une voiture, avec l'aide de mon voisin. C'est une Opel Meriva 1.4 Twinport, essence. Je la trouve un peu plus grosse que ma Clio. Il faudra que je fasse très attention en entrant dans le garage. La livraison est prévue le 7 décembre.

Quant à ma Clio, le voisin pense après l'avoir essayé en ma compagnie que ce sont les bobines, mais il faudrait aussi selon lui changer les amortisseurs. Il estime que je n'aurais pas dû faire tant de frais cette année sur ce véhicule.

27 novembre

Mes vacances sont terminées, je retrouve la routine du bureau. J'ai fait un curieux rêve cette nuit au sujet de Gigliola Cinquetti à laquelle je ne pense plus depuis des années. Je lui parlai au téléphone et elle raccrochait. Ce qui est arrivé « en vrai » en juin 1981 de mémoire, car elle avait gardé à Rome le téléphone du propriétaire précédent de son appartement. Muriel, hélas, je ne l'entendrais jamais au téléphone, et je sais qu'elle n'aurait pas raccroché.

29 novembre

Je me sens gagné par la lassitude, la fatigue, le découragement. La saison y est sans doute pour beaucoup. Je trouve que je n'ai pas assez de temps libre pour moi. Je viens de commencer à mettre à jour sur Internet Movie Data Base la distribution du feuilleton « Le premier juré », avec Muriel Baptiste. C'est plus difficile que je le pensais.

J'ai le sentiment de vivre un grand moment de vide. Même la perspective d'avoir ma nouvelle voiture ne suffit pas à me réjouir. Ma fille a des ennuis (voiture saccagée dans la nuit de samedi à dimanche, à Viviers). J'ignore si elle pourra venir dimanche comme prévu, je n'ose lui demander.

Je disais le 31 octobre m'être offert le CD de la bande originale du film « The Haunting ». Il n'est toujours pas arrivé, même si le vendeur, la société Varese Sarabande a annoncé ne pas l'expédier tout de suite. En fait, ce retard ou cette perte est à l'image de toute l'année 2017, une année pour rien.

Je n'ose me souhaiter le meilleur pour 2018.

1ᵉʳ décembre

J'ai rêvé de Sean Connery et de Roger Moore au Moyen-Orient. Ils avaient cinquante ans, ce qui est impossible, dans une action simultanée, Roger étant né en 1927 et Sean en 1930. Ils jouaient ensemble James Bond et je les complimentais car je leur parlais du lamentable nouveau James Bond Daniel Craig.

Le rêve se situait soit en 1977 (pour les cinquante ans de Roger), soit en 1980 pour ceux de Sean, doit dans un espace de temps indéterminé puisqu'on ne sait que Daniel Craig est James Bond que depuis 2006.

Il a neigé sur Valence, mais sans que cela soit un problème pour circuler en voiture.

Les ordinateurs du bureau étaient en panne jusqu'à 10h00, une panne nationale, mais ensuite quel stress, avec un travail demandé en urgence et des coups de téléphone l'un derrière l'autre, incessants. Je ne savais plus où donner de la tête, et m'énervais, ce qui est mauvais à mon âge où le cœur en prend un coup.

Mireille D. m'ignore, ne me dit plus bonjour, ne me fait plus la bise, je l'ai constaté à la cafétéria, seul endroit où je la rencontre désormais. Encore quelqu'un qui tombe de son piédestal, après (partiellement) Muriel Baptiste.

J'attends la visite de ma fille pour dimanche, si elle le peut.

Entre le dentiste, le stress d'avoir mon chèque certifié en temps voulu pour acheter ma voiture, et d'autres contrariétés, je doute que le mois de décembre rehausse le niveau de 2017.

Quant au « Premier juré », compléter la distribution de chacun des vingt épisodes sur Internet Movie Data Base se révèle bien fastidieux.

Je deviens pessimiste.

3 décembre

Triste journée, ma fille devait venir, une gastro-entérite l'en a empêché. C'est remis à dimanche prochain. Je m'ennuie d'elle.

4 décembre

J'aimerais retourner en décembre 1972, j'y étais bien plus heureux qu'aujourd'hui. Hier soir, soucieux, je ne parvenais pas à m'endormir, et j'ai dû prendre un médicament supplémentaire.

Mireille D. continue de m'ignorer. Je me suis vraiment trompé sur la supposée gentillesse de cette personne.

Je ne pourrai joindre mon banquier que demain pour ce fichu chèque certifié. Ce sera ensuite une deuxième séance chez le dentiste, plus longue que l'autre fois, 45 minutes au lieu de 30. Maudites couronnes !

Le monde continue de tourner, cette ordure de Patrick Henry qui aurait mérité la guillotine en 1976 est mort à 64 ans. La nouvelle passait en boucle hier sur les chaînes d'info, avec les incidents de la gare Montparnasse, où des centaines de voyageurs se sont retrouvés dans l'embarras.

6 décembre

Charlélie Couture avait dit du mal de Johnny auquel « on pardonnait tout » il y a quelques années dans une interview. A l'occasion de sa disparition, voici son message sur Facebook, plutôt consensuel.

Jean D'Ormesson d'abord, Johnny Hallyday le lendemain, à un jour d'intervalle ce sont deux icônes qui disparaissent. L'un et l'autre laisseront à l'évidence une trace bien différente dans l'Histoire de la culture française. D'un côté un intellectuel doué d'une vive intelligence fine et pleine d'humour, un sens de la rhétorique et une grande acuité dans l'analyse des choses politique autant qu'introspective, un homme à l'apparence fragile mais parlant d'une voix pincée un peu sèche dans un phrasé très articulé pour dire les choses que voulait exprimer une certaine Droite Française libérale indépendante, de l'autre un homme considéré comme un félin semi-sauvage, au fond un éternel adolescent, instinctif à fleur de peau, qui à travers ses postures et attitudes et surtout dans les chansons qu'il interprétait d'une voix puissante, incarnait toute une époque / référence de la culture populaire francophone de l'après 2nde guerre mondiale.

D'abord blond, souriant, tonique mais un peu timide, maladroit dans ses mots à lui mais sûr de lui en chanteur, mal élevé ou voyou et puis ensuite plutôt macho, brut de décoffrage, d'abord inspiré par Elvis Presley à la naissance du Rock n' roll puis suivant le fil des modes musicales en avait su s'adapter au succès. Devenu une idole dans sa jeunesse, Johnny Hallyday et ceux qui l'entouraient ont su entretenir son mythe tout au long de sa vie, jusqu'à cette dernière tournée courageuse qu'il l'a vu monter scène encore l'été dernier. Comme celle de toutes les idoles, sa simple existence excitait le cœur de celles et ceux qui se reconnaissaient en lui. Ses fans doivent être en pleurs aujourd'hui, eux qui le vénéraient jusqu'à construire des autels pour lui dans leur appartement et pavillon de banlieue, ou se le faire tatouer sur le dos, sur l'avant bras ou ailleurs... Intransigeants, sectaires comme des intégristes, ceux qui l'admiraient voulaient faire abstraction de la réalité. Johnny Hallyday était une entité considérée non pour ce qu'il était mais pour ce qu'il représentait, autrement dit : « l'accès à la Gloire, à l'Argent et au Pouvoir d'un jeune homme sans grande éducation qui pourtant avait réussi grâce au charme qu'irradiait son talent. » La réalité n'avait pas beaucoup d'importance, à moins de détails croustillants anecdotiques et photos « volées » distribuées pour alimenter la communication que savaient utiliser ses impresarios, managers ou producteurs pour faire mousser les tabloïds.

Alors voilà, c'est ainsi que les pans se tourne. Comme la banquise qui se brise, la fracture s'opère entre les générations, celles qui ont connu et celles qui n'ont jamais entendu parler de untel…
Pourtant aujourd'hui et pendant quelques jours, les salles de rédaction s'animeront pour rendre hommage à un chanteur populaire emporté à 74 ans par un méchant cancer conséquent de tous les excès qu'il a lui-même maintes fois confessés, de même que d'autres journalistes retrouveront au détour de telle ou telle interview les flèches malines, tirées par un intellectuel armé d'une arbalète d'idées pointues.

D'un côté on voyait celle d'un être brillant par lui-même, dont le regard d'aigle scintillait dans l'esprit des philosophes du XVIIIème siècle qu'on appelait « les lumières », de l'autre celle des projecteurs éclairant un chanteur qui savait faire miroiter sur scène ses habits pailletés, oui aujourd'hui c'est l'hiver, il fait un peu plus froid encore, quand les lumières sont éteintes.

CharlElie Couture
Dec 2017

Johnny Hallyday est mort. Il était né la même année que Muriel. S'il ne m'a jamais intéressé, on peut dire que les chercheurs sont des incapables et que le cancer n'a pas fini de tuer.

Après une journée pénible chez le dentiste hier, je devrais avoir ma voiture demain après-midi. En ce moment, j'écoute Gianni Morandi, toujours vert, qui vient de sortir son nouvel album. Il est né en 1944. Le CD est arrivé hier, mais je n'ai pas eu le temps de l'écouter. Il est de bonne facture. D'après le Wikipédia italien, c'est son 35e album studio. Il chante depuis 1962. Je l'adore depuis 1984, ayant découvert sa musique lors d'un voyage à Rome.

Il faut s'attendre à une semaine de deuil national de l'Elvis français.

9 décembre

J'ai fait un drôle de rêve cette nuit : je montais une pièce de théâtre. Elle comportait Laurence Badie, Jean-Marie Proslier (décédé pourtant en 1997) et un inconnu. J'étais l'imprésario metteur en scène.

En cette fin d'année remplie de conflits (Conforama qui me livre un lit commandé le 20 septembre, le dentiste qui ronchonne par ce que je ne suis pas assez docile, des histoires avec ma hiérarchie au bureau, mon changement de voiture), ce rêve m'a fait du bien.

Ma mère regarde à la télévision les funérailles de Johnny.

10 décembre

Visite de ma fille et de mes petits enfants pour leur anniversaire.

Ce fut une journée agitée, d'habitude ma fille arrive tard, et elle est venue à 11h30. Or, nous avions prévu ma mère et moi de tout commander à une pizzéria en tenant compte que ma fille et mon premier petit fils sont végétariens. La veille, nous nous sommes aperçus qu'elle était ouverte 7 jours 7 sauf le dimanche midi. Il a fallu que je fasse des courses, aille à Géant Casino et au McDo, avec cette Opel Meriva que je maîtrise mal car trop grosse. Je suis retourné chez moi à 11h30 au moment où ma fille arrivait.

Le reste de la journée a été plus calme, si l'on tient compte que des enfants de 3 et 10 ans confinés dans mon petit appartement restent très vifs. De plus, j'étais fatigué n'arrivant pas à me lever avant 9h30. Il faut dire que je sors d'une semaine très agitée. Hier, un coup de fil de trois heures de David après la livraison de mon lit par Conforama m'a empêché de sortir acheter des bougies et faire des courses. L'affaire Conforama est classée, reste le conflit avec ma responsable hiérarchique, les difficultés à conduire l'Opel Meriva, les rendez-vous hebdomadaires chez mon dentiste. Et sans doute une année 2018 jusqu'à fin septembre difficile à gérer sur le plan financier avec le changement obligé de véhicule. Fin septembre 2018, mon prêt immobilier de 15 ans s'achève.

12 décembre

J'ai rêvé que je vivais en couple et accueillait une fille sortie d'un orphelinat qui était pénible à supporter. Je ne pouvais regarder la télévision et n'avait pas un moment à moi.

J'ignore si c'est provisoire mais je pense de moins en moins à Muriel Baptiste. Pour d'autres raisons, je m'intéresse à Lara Fabian et à la star de « X Files », Gillian Anderson.

Avant, il ne se passait pas une heure sans que je pense à Muriel.

Avant, je pensais retrouver Muriel à ma mort. Je visualisais nos retrouvailles, ou plutôt notre rencontre, elle vêtue en costume d'Annunciata dans « La princesse du rail », dans un champ de blé ou du moins dans la nature la plus authentique, avant qu'elle ne soit souillée par la pollution.

Aujourd'hui, je crains la mort et du néant.

13 décembre

J'ai rêvé de Muriel en Marguerite de Bourgogne dans sa prison de Château Gaillard. Une façon de se rappeler à mon bon souvenir. Je me demande sérieusement si de là où elle est-elle ne communique pas avec moi par les rêves.

Journée morose au bureau, beaucoup de travail, ambiance dont je préfère ne pas parler.

Je commence à être à l'aise au volant de ma Meriva.

Hier, j'ai appris le décès à 72 ans d'un cancer du foie contre lequel elle se battait depuis un an l'actrice anglaise Suzanna Leigh, que je connais pour « Amicalement vôtre : un enchaînement de circonstances », et une série, « Docteur Caraïbes » avec Louis Velle diffusée en janvier 1973.

J'ajoute que j'ai une overdose totale de Johnny Hallyday.

14 décembre

J'ai encore rêvé de Muriel, cette-fois, il était question de David, disons que j'avais connaissance de son aventure avec elle, mais que cela n'altérait en rien mon amour pour elle.

Deux nuits de suite, c'est exceptionnel. C'est un peu comme si Muriel voulait me faire passer un message. Mais lequel ?

16 décembre

Un nouveau rêve de Muriel dans la nuit du 15 au 16. Cette-fois, c'est certain, il y a quelque chose la concernant qui se passe. Et du coup, je repense à elle beaucoup.

Je suis trop stressé par des choses qui n'en valent pas la peine. Un voyant de désembuage avant qui ne s'éteint pas sur mon Opel Meriva, un surcroît de travail au bureau, et me voilà contrarié.

Muriel doit rester l'essentiel, le reste ne compte pas.

J'ai hâte que les fêtes de fin d'année soient passées.

David m'a téléphoné cette après-midi durant 4h34.

18 décembre

La neige m'a bien contrarié ce matin, arrivée sans prévenir à Valence.

J'ai fait la connaissance du garagiste qui va suivre ma voiture, et m'a arrangé le problème du voyant de désembuage avant.

Journée stressante au bureau. Demain, comité d'entreprise et dentiste.

Les faits divers de fin d'année sont tragiques : accident au passage à niveau à Millas jeudi dernier, avec cinq enfants morts et à l'heure où j'écris, six autres entre la vie et la mort, aujourd'hui une catastrophe aux Etats-Unis avec le déraillement d'un train dans l'état de Washington. Au-delà des outrances des funérailles, on peut penser que la famille de Johnny Hallyday ne va pas fêter Noël.

Mes soucis sont bien dérisoires à côté.

19 décembre

Le dentiste aujourd'hui a été de trop. J'atteins un stade de saturation. Trop de problèmes qui s'enchaînent. A quand un peu de tranquillité ?

J'ai fait les courses pour le repas de Noël et cette populace de consommateurs (où sont les pauvres ?) qui se bouscule chaque année à la même époque, pour cette fête qui a perdu toute ses origines et sa tradition pour se vendre à la société libérale me donne la nausée.

Où sont les Noëls d'autrefois ?

20 décembre

Je fais des rêves de plus en plus idiots. J'avais raté à Crest un concert d'Adamo, un chanteur que je n'aime plus. En lieu et place, j'allais, avec une collègue de bureau, Céline, voir Etienne Daho en concert. Je n'aime plus Adamo car il a perdu toute son inspiration, sortant un album par an, ce qui est trop. Quant à Daho, il m'a déçu en concert, inaudible entouré de guitares électriques.

J'aimerais mieux rêver de Muriel que de faire des songes aussi idiots, d'autant que la Céline en question ne m'apprécie guère.

J'ai fini ce soir mes courses de Noël, avec le cadeau pour mon premier petit fils, que j'ai fait livrer à la FNAC. Il était en rupture de stock sur Amazon, donc pas livrable en un jour. Il s'agit d'un cd de rap, Jul, « Emotions ». Ce n'est pas pratique (ou peut-être hors période de Noël) car il faut faire la queue et les employés de la FNAC ne sont pas affolés. Ce CD qui date de 2016 n'est pas très courant.

J'ai pensé aujourd'hui que Gigliola Cinquetti fêtait ses 70 ans, et reçu de David des photos inédites de Muriel.

22 décembre

Je suis en vacances pour une semaine. L'année se termine mal concernant mes relations avec ma chef au bureau, mais je n'en dirai pas plus ici. Il y a un froid, et il me semble que la confiance qui régnait entre nous depuis 2010, est compromise.

Encore quelques jours et je ferai un petit bilan de cette année qui aura été marquée par la morosité.

23 décembre

De 2017, je retiendrais avoir trouvé une copie du film « Le mois le plus beau », avec Muriel Baptiste, un film que je ne pensais jamais voir. La mort de Johnny Hallyday même si je n'ai pas un disque de lui, celle de Roger Moore, d'Elizabeth Baur et de Suzan Farmer, la séparation de ma fille avec son compagnon après trois années ensemble, mon changement de voiture fait dans la précipitation, l'élection d'Emmanuel Macron, l'échec dans la tentative de trouver une compagne et d'une association pour me faire des copains.

Par rapport à 2016, où j'avais été gâté par deux concerts de Lara Fabian et un d'Elton John, un seul et triste concert d'Hugues Aufray. Une année morose qui sera vite oubliée. Aucun bon film au cinéma (je n'aurais vu que des dessins animés avec mon petit-fils), rien d'intéressant à la télévision ni en livres. J'achète moins de disques et écoute quasiment en boucle l'album anglais de Lara Fabian. Le festival de San Remo a été une déception et je n'ai rien aimé. En fin d'année, sortie d'un album de Gianni Morandi, dont je n'attendais plus de nouvel opus. Néanmoins, il a réussi à ne pas me décevoir et à proposer un disque digne de la variété italienne d'antan. La voix est intacte, seul reproche, l'album est un peu court.

2018 devrait être déterminant pour la carrière de Lara Fabian qui à mon sens va vite revenir à la chanson française, sa tentative de concurrencer Céline Dion étant vouée à l'échec. Je la verrai en concert en juin si tout va bien d'ici là.

J'ai vraiment l'impression que le plus intéressant est derrière moi, et que si je disparaissais aujourd'hui, je ne manquerai pas grand-chose. L'état de la chanson française entre Kenji Jirac, Matt Pokora et Christophe Maé me feraient presque regretter Hallyday si je l'avais aimé.

En politique, Macron va nous saigner, mais François Fillon l'aurait fait à sa place s'il avait été élu. Je n'attends plus de sauveur, face au grand remplacement dont parle Renaud Camus qui n'a même plus d'éditeur et ce depuis plusieurs années, et s'est coupé de tout le monde en fréquentant le bloc identitaire. Même Alain Finkielkraut ne le défend plus.

Je termine par le plus important : Muriel Baptiste. Il me semble que lorsque tout sera fini, il ne restera qu'elle, elle est l'essentiel. Elle est la chose la plus importante. Chaque jour, je passe du temps à rédiger des articles sur le blog que je lui ai dédié, chaque dimanche soir, je me repasse ses feuilletons. Les années passent, tout change, sauf cela. Muriel est éternelle. David m'a procuré des photos inédites d'elle.

25 décembre

J'ai passé un agréable réveillon avec ma mère, ma fille et mes deux petits-enfants, une bonne ambiance. Cependant, je suis resté sur ma faim et n'ai pas eu d'indigestion. Claire est végétarienne, Lohan est allergique au lait de vache, Lucas est assez difficile (le saumon n'était pas coupé en tranches assez fines) et il manquait un plat chaud, en dehors de cardons aux châtaignes. Ma fille m'a offert un livre « Comment faire les bons choix » par Chip et Dan Heath.

Ma mère a eu un CD de Frank Michael mais ce matin, après le lui avoir enregistré sur cassette (elle n'a jamais su manipuler les CD), j'ai constaté que son radio cassette a rendu l'âme. La touche lecture ne fonctionne plus, or c'est un type d'appareil, après consultation sur Internet, que l'on ne trouve plus. Cela m'a contrarié. Elle m'a dit ne plus s'en être servie depuis deux mois. Je vais avoir du mal à lui trouver un poste équivalent qui lise les cassettes audios.

27 décembre

Hier, je suis allé à Montélimar avec une aide-ménagère de ma mère pour récupérer dans l'appartement de cette dernière des affaires (de la vaisselle). Lorsque nous avons voulu reprendre la route, l'Opel Meriva indiquait par le biais de ses voyants lumineux un défaut de climatisation et d'huile à changer, puis à l'arrivée, le système de refroidissement du moteur est resté en marche pendant cinq minutes après avoir coupé le contact.

Ce matin, à Romans, le vendeur chez qui je me suis rendu avec le voisin trouve une fuite du bocal du liquide de refroidissement et garde la voiture pour une semaine, disant que la panne est grave, fuite d'une durite, plus d'eau dans le bocal de liquide de refroidissement, et me met en cause. La voiture achetée le 7 décembre est garantie six mois. Il y a de grands frais de réparation. Qui va payer ?

2017 est vraiment une année de merde.

28 décembre

La doctoresse de ma mère est absente depuis novembre 2017, elle est malade pour une durée indéterminée. Son remplaçant ne travaille que le jeudi et le vendredi et on ne pouvait le contacter qu'aujourd'hui. La journée commence bien puisqu'il se déplace à domicile, et viendra début janvier, ma mère étant en fauteuil roulant.

Ce journal s'appelle « De Muriel Baptiste à Lara Fabian », la chanteuse passe au Zénith le samedi 16 juin. Si l'on peut déjà réserver un hôtel, il est trop tôt pour le TGV. Je compte aller me recueillir sur la tombe de Muriel à Pantin, et avec David aller voir Khadija Delberghe pour lui parler du renouvellement de la concession en 2025. A première vue, ce séjour me coûtera moins cher que prévu.

J'ai décidé de ne pas me rendre malade pour ma voiture en panne.

Revenons à Muriel Baptiste.

Il y a 45 ans, jour pour jour, le jeudi 28 décembre 1972 était diffusé « La reine étranglée », deuxième épisode des « Rois maudits » dans lequel Muriel Baptiste est le premier nom au générique.

J'ai revu aujourd'hui « Le roi de fer » (1h37) et « La reine étranglée » (1h43) et force est de constater que Muriel bien que bouleversante est en proportion de temps fort peu présente à l'écran.

De ce fait, elle a vite été oubliée, ne trouvant plus que trois petits rôles ensuite, « Les quatre vérités » au théâtre, « Un curé de choc » et « L'affaire Bernardi de Sigoyer ». Elle sombra ensuite dans la misère, ne revenant jamais à l'écran, et à partir de 1981 tomba malade. Ruinée, elle est morte dans un appartement sordide, retrouvée quatre jours après sa mort, et il n'y eut que trois personnes à son enterrement.

Muriel pensait comme moi avoir décroché le jackpot pour la gloire avec le rôle de Marguerite de Bourgogne, mais Barma lui offrit un cadeau empoisonné. C'est le personnage de Marguerite qui est important tout au long des six épisodes des « Rois maudits », mais le temps de présence à l'écran de Muriel est trop réduit.

Muriel pensait que l'on referait appel à elle, et le métier l'oublia à jamais. La plus grande injustice de la télévision de cette époque.

29 décembre

Je suis allé faire quelques courses au supermarché et voulu payer par carte bancaire. Le code a été refusé trois fois, or, je ne me suis pas trompé. Je retiens mes codes par procédés mnémotechniques, et de plus je viens de retrouver la lettre de la banque avec le code. Il me faudra attendre au mieux mercredi pour en avoir une autre.

30 décembre

Cette nuit, j'ai rêvé à la chanteuse italienne Alice, découverte lors d'un voyage à Rome en 1980, et qui m'avait attiré pour sa légère ressemblance avec Muriel en Annunciata, c'est donc un rêve indirect de Muriel.

Je n'ai plus de voiture et en suis fort contrarié.

31 décembre

L'image que je garderai de 2017 est cette suite de pannes automobiles, dont l'une m'a gâchée mon séjour à Brioude cinquante et un an après sur les traces de ma chère Muriel Baptiste, là où elle tourna « La Princesse du rail ».

Je tourne sans regrets la page de cette année, certain que l'avenir ne pourra qu'être plus favorable. Je n'ai pas envie d'en dire davantage. Sinon qu'en relisant mon *journal,* j'ai constaté que j'étais trop bavard. Celui de 2018 devrait se limiter à l'essentiel, si toutefois il voit le jour.